अंधकार से प्रभुत्व की ओर: अंधकार की गुप्त पकड़ से मुक्त होने के लिए 40 दिन

जागरूकता, मुक्ति और शक्ति की एक वैश्विक भक्ति

स्वतंत्र होने के लिए तैयार व्यक्तियों, परिवारों और राष्ट्रों के लिए

द्वारा

जकारियास गॉडसीगल; राजदूत सोमवार ओ. ओग्बे और कम्फर्ट लाडी ओग्बे

Zacharias Godseagle; Ambassador Monday O. Ogbe and Comfort Ladi Ogbe

विषयसूची

अंधकार से प्रभुत्व की ओर: अंधकार की छिपी पकड़ से मुक्त होने के लिए 40 दिन 1

जागरूकता, मुक्ति और शक्ति की एक वैश्विक भक्ति 1

स्वतंत्र होने के लिए तैयार व्यक्तियों, परिवारों और राष्ट्रों के लिए 1

कॉपीराइट पृष्ठ 5

पुस्तक के बारे में – अंधकार से प्रभुत्व की ओर 8

पिछला कवर पाठ 11

एक-पैराग्राफ मीडिया प्रोमो (प्रेस/ईमेल/विज्ञापन ब्लर्ब) 13

समर्पण 16

आभार 18

पाठक के लिए 20

इस पुस्तक का उपयोग कैसे करें 22

प्रस्तावना 25

2

प्रस्तावना	28
परिचय	30
अध्याय 1: अंधकार साम्राज्य की उत्पत्ति	**34**
अंधकार का पतन और निर्माण	34
डार्क किंगडम की वैश्विक अभिव्यक्ति	35
यह पुस्तक अब क्यों महत्वपूर्ण है	35
आप एक युद्ध में पैदा हुए थे	36
अध्याय 2: आज अंधकार साम्राज्य कैसे काम करता है	**38**
अध्याय 3: प्रवेश बिंदु - लोग कैसे आकर्षित होते हैं	**43**
अध्याय 4: अभिव्यक्तियाँ - आधिपत्य से जुनून तक	**46**
अध्याय 5: वचन की शक्ति - विश्वासियों का अधिकार	**49**
दिन 1: रक्तरेखाएँ और द्वार - पारिवारिक बंधन तोड़ना	**53**
दिन 2: स्वप्न आक्रमण - जब रात युद्धक्षेत्र बन जाती है	**57**
दिन 3: आध्यात्मिक जीवनसाथी - अपवित्र संबंध जो नियति को बांधते हैं	**61**
दिन 4: शापित वस्तुएँ - अपवित्र करने वाले दरवाजे	**66**

64 की आत्मा से मुक्त होना   70 के भीतर अदृश्य युद्ध   96

कॉपीराइट पृष्ठ

अंधकार से प्रभुत्व की ओर: अंधकार की छिपी हुई पकड़ से मुक्त होने के लिए 40 दिन - जागरूकता, मुक्ति और शक्ति का एक वैश्विक भक्ति गीत,
ज़कारियास गॉडसीगल, कम्फर्ट लाडी ओगबे और एम्बेसडर मंडे ओ. ओगबे द्वारा

कॉपीराइट © 2025 **जकारियास गॉडसीगल और गॉड्स ईगल मिनिस्ट्रीज** - जीईएम द्वारा
सभी अधिकार सुरक्षित।

इस प्रकाशन के किसी भी भाग को प्रकाशक की पूर्व लिखित अनुमति के बिना पुनरुत्पादित, पुनर्प्राप्ति प्रणाली में संग्रहीत या किसी भी रूप में या किसी भी माध्यम से - इलेक्ट्रॉनिक, यांत्रिक, फोटोकॉपी, रिकॉर्डिंग, स्कैनिंग या अन्य - प्रेषित नहीं किया जा सकता है, सिवाय आलोचनात्मक लेखों या समीक्षाओं में दिए गए संक्षिप्त उद्धरणों के।

यह पुस्तक एक गैर-काल्पनिक और भक्ति कथा साहित्य है। गोपनीयता की दृष्टि से आवश्यकतानुसार कुछ नाम और पहचान संबंधी विवरण बदल दिए गए हैं।

धर्मग्रंथों के उद्धरण निम्नलिखित से लिए गए हैं:

- *न्यू लिविंग ट्रांसलेशन (एनएलटी)* , © 1996, 2004, 2015 टिंडेल हाउस फ़ाउंडेशन द्वारा। अनुमति से प्रयुक्त। सर्वाधिकार सुरक्षित।

5

कवर डिज़ाइन: GEM TEAM

आंतरिक लेआउट GEM टीम द्वारा

प्रकाशक:
ज़कारियास गॉडसीगल और गॉड्स ईगल मिनिस्ट्रीज़ - GEM
www.otakada.org | ambassador@otakada.org

प्रथम संस्करण, 2025
संयुक्त राज्य अमेरिका में मुद्रित

पुस्तक के बारे में – अंधकार से प्रभुत्व की ओर

अंधकार से प्रभुत्व की ओर: अंधकार की गुप्त पकड़ से मुक्त होने के लिए 40 दिन - *जागरूकता, मुक्ति और शक्ति का एक वैश्विक भक्ति - उन व्यक्तियों, परिवारों और राष्ट्रों के लिए जो मुक्त होने के लिए तैयार हैं* यह सिर्फ एक भक्ति नहीं है - यह **राष्ट्रपतियों, प्रधानमंत्रियों, पादरियों, चर्च कार्यकर्ताओं, सीईओ, माता-पिता, किशोरों और हर विश्वासी** के लिए 40-दिवसीय वैश्विक मुक्ति मुठभेड़ है जो शांत हार में जीने से इनकार करता है।

यह शक्तिशाली 40-दिवसीय भक्ति *आध्यात्मिक युद्ध, पैतृक वेदियों से मुक्ति, आत्मा के बंधनों को तोड़ना, गुप्त रहस्यों का खुलासा, तथा भूतपूर्व डायनों, भूतपूर्व शैतानवादियों* और अंधकार की शक्तियों पर विजय पाने वालों की वैश्विक गवाही को संबोधित करती है।

चाहे आप **किसी देश का नेतृत्व कर रहे हों**, किसी चर्च के पादरी हों, **कोई व्यवसाय चला रहे हों**, या **प्रार्थना कक्ष में अपने परिवार के लिए संघर्ष कर रहे हों**, यह पुस्तक जो छिपाया गया है उसे उजागर करेगी, जिसे नजरअंदाज किया गया है उसका सामना करेगी, और आपको मुक्त होने के लिए सशक्त बनाएगी।

जागरूकता, मुक्ति और शक्ति का 40-दिवसीय वैश्विक भक्ति कार्यक्रम

इन पृष्ठों के अंदर, आप निम्नलिखित का सामना करेंगे:

- रक्त संबंधी अभिशाप और पैतृक अनुबंध
- आत्मा जीवनसाथी, समुद्री आत्माएं, और सूक्ष्म हेरफेर
- फ्रीमेसनरी, कबला, कुंडलिनी जागरण और जादू टोना वेदियां
- बाल समर्पण, जन्मपूर्व दीक्षाएँ, और राक्षसी द्वारपाल
- मीडिया घुसपैठ, यौन आघात और आत्मा विखंडन
- गुप्त समाज, राक्षसी एआई, और झूठे पुनरुत्थान आंदोलन

प्रत्येक दिन में शामिल हैं:
- *एक वास्तविक कहानी या वैश्विक पैटर्न*
- *धर्मशास्त्र-आधारित अंतर्दृष्टि*
- *समूह और व्यक्तिगत अनुप्रयोग*
- *मुक्ति प्रार्थना + चिंतन पत्रिका*

यह पुस्तक आपके लिए है यदि आप:

- एक **राष्ट्रपति या नीति निर्माता** जो आपके राष्ट्र के लिए आध्यात्मिक स्पष्टता और सुरक्षा चाहता है
- एक **पादरी, मध्यस्थ, या चर्च कार्यकर्ता** अदृश्य शक्तियों से लड़ रहा है जो विकास और शुद्धता का विरोध करती हैं
- एक **सीईओ या बिजनेस लीडर को** अस्पष्ट युद्ध और तोड़फोड़ का सामना करना पड़ रहा है
- एक **किशोर या छात्र** जो सपनों, पीड़ा या अजीब घटनाओं से ग्रस्त है
- **माता-पिता या देखभाल करने वाले द्वारा** आपके वंश में आध्यात्मिक पैटर्न को देखना
- एक **ईसाई नेता** अंतहीन प्रार्थना चक्रों से थक गया है और उसे कोई सफलता नहीं मिल रही है

- या बस एक **आस्तिक जो जीवित रहने से विजयी प्रभुत्व तक जाने के लिए तैयार है**

यह पुस्तक आखिर क्यों?

क्योंकि ऐसे समय में जब अंधकार प्रकाश का मुखौटा पहनता है,
मुक्ति अब वैकल्पिक नहीं रह गई है ।
और **शक्ति जानकार, सुसज्जित और समर्पित लोगों की होती है ।**

जकारियास गॉडसीगल, राजदूत मंडे ओ. ओगबे और कम्फर्ट लाडी ओगबे द्वारा लिखित , यह महज शिक्षा देने से कहीं अधिक है - यह चर्च, परिवार और राष्ट्रों के लिए एक **वैश्विक जागृति का आह्वान है** कि वे उठें और वापस लड़ें - डर से नहीं, बल्कि ज्ञान और अधिकार से ।

आप उस चीज़ को शिष्य नहीं बना सकते जिसे आपने दिया ही नहीं। और जब तक आप अंधकार की पकड़ से मुक्त नहीं हो जाते, तब तक आप प्रभुत्व में नहीं चल सकते।

चक्रों को तोड़ो। छुपे हुए का सामना करो। अपना भाग्य वापस लो - एक दिन में एक बार।

पिछला कवर पाठ

अंधकार से प्रभुत्व की ओर
अंधकार की छिपी हुई पकड़ से मुक्त होने के लिए 40 दिन
जागरूकता, मुक्ति और शक्ति का एक वैश्विक भक्तिमय प्रवचन

क्या आप एक **राष्ट्रपति**, एक **पादरी**, एक **अभिभावक**, या एक **प्रार्थना करने वाले विश्वासी हैं** - जो स्थायी स्वतंत्रता और सफलता के लिए बेताब हैं?

पैतृक वाचाओं, गुप्त बंधनों, समुद्री आत्माओं, आत्मा विखंडन, मीडिया घुसपैठ, और भी बहुत कुछ के अनदेखे युद्धक्षेत्रों से होकर गुज़रने वाली 40 दिनों की एक वैश्विक यात्रा है। हर दिन वास्तविक साक्ष्य, वैश्विक अभिव्यक्तियाँ और व्यावहारिक मुक्ति रणनीतियाँ सामने आती हैं।

आप पाएंगे:

- आध्यात्मिक द्वार कैसे खुलते हैं—और उन्हें कैसे बंद किया जाता है
- बार-बार देरी, यातना और बंधन की छिपी जड़ें
- शक्तिशाली दैनिक प्रार्थनाएँ, चिंतन और समूह अनुप्रयोग
- केवल मुक्ति ही नहीं, बल्कि **प्रभुत्व की** ओर कैसे बढ़ें

अफ्रीका में **जादू-टोने की वेदियों** से लेकर उत्तरी अमेरिका में **नए युग के धोखे तक**... यूरोप में **गुप्त समाजों से लेकर** लैटिन अमेरिका में **रक्त संधियों तक** - यह पुस्तक सब कुछ उजागर करती है।

डार्कनेस टू डोमिनियन आपकी स्वतंत्रता का रोडमैप है, जो **पादरियों, नेताओं, परिवारों, किशोरों, पेशेवरों, सीईओ** और उन सभी के लिए लिखा गया है जो बिना विजय के युद्ध से थक गए हैं।

"आप उस चीज़ को शिष्य नहीं बना सकते जिसे आपने स्वयं नहीं दिया है। और जब तक आप अंधकार की पकड़ से मुक्त नहीं हो जाते, तब तक आप प्रभुत्व में नहीं चल सकते।"

एक-पैराग्राफ मीडिया प्रोमो (प्रेस/ईमेल/विज्ञापन ब्लर्ब)

अंधकार से प्रभुत्व की ओर: अंधकार की छिपी पकड़ से मुक्त होने के लिए 40 दिन एक वैश्विक भक्ति पुस्तक है जो उजागर करती है कि कैसे शत्रु वेदियों, वंशों, गुप्त समाजों, गुप्त अनुष्ठानों और रोज़मर्रा के समझौतों के माध्यम से जीवन, परिवारों और राष्ट्रों में घुसपैठ करता है। हर महाद्वीप की कहानियों और युद्ध-परीक्षित मुक्ति रणनीतियों के साथ, यह पुस्तक राष्ट्रपतियों और पादरियों, मुख्य कार्यकारी अधिकारियों और किशोरों, गृहिणियों और आध्यात्मिक योद्धाओं के लिए है—जो भी स्थायी स्वतंत्रता के लिए आतुर हैं। यह केवल पढ़ने के लिए नहीं है—यह ज़ंजीरों को तोड़ने के लिए है।

सुझाए गए टैग

- मुक्ति भक्ति
- आध्यात्मिक युद्ध
- पूर्व-गुप्त साक्ष्य
- प्रार्थना और उपवास
- पीढ़ीगत अभिशापों को तोड़ना
- अंधकार से मुक्ति
- ईसाई आध्यात्मिक अधिकार
- समुद्री आत्माएं
- कुंडलिनी धोखा
- गुप्त समाजों का पर्दाफाश
- 40 दिन का उद्धार

अभियानों के लिए हैशटैग

#अंधकारसेप्रभुत्व

#DeliveranceDevotional

#चेनतोड़ो

#ईसा मसीह के माध्यम से स्वतंत्रता

#वैश्विकजागृति

#छिपीलड़ाइयाँउजागर

#प्रार्थना_से_मुक्ति_प्राप्ति

#आध्यात्मिकयुद्धपुस्तक

#अंधेरेसेउजालेकीओर

#राज्यप्राधिकरण

#अबबंधननहीं

#भूतपूर्वगुह्यगवाहियाँ

#कुंडलिनीचेतावनी

#समुद्रीआत्माओंकाउजागर

#40दिनकीआज़ादी

समर्पण

जिसने हमें अंधकार से निकालकर अपनी अद्भुत ज्योति में बुलाया है - **यीशु मसीह** , हमारा उद्धारकर्ता, ज्योति-वाहक और महिमा का राजा।

हर उस आत्मा के लिए जो चुपचाप रो रही है - अदृश्य जंजीरों में जकड़ी हुई, सपनों से ग्रस्त, आवाजों से पीड़ित, और उन जगहों पर अंधेरे से जूझ रही है जहां कोई नहीं देखता - यह यात्रा आपके लिए है।

पादरियों , **मध्यस्थों** और **दीवार पर तैनात पहरेदारों** के लिए ,
उन **माताओं के लिए** जो रात भर प्रार्थना करती हैं, और उन **पिताओं के लिए** जो हार मानने से इनकार करते हैं,
उस **युवा लड़के के लिए** जो बहुत कुछ देखता है, और उस **छोटी लड़की के लिए जो** बहुत जल्दी बुराई से चिह्नित हो जाती है,
सार्वजनिक शक्ति के पीछे अदृश्य भार ढोने वाले सीईओ, अध्यक्षों और निर्णयकर्ताओं के लिए,
गुप्त बंधन **से** संघर्ष **करने वाले** चर्च **कार्यकर्ता** के लिए , और **आध्यात्मिक योद्धा** जो वापस लड़ने का साहस करता है -
यह आपके उठने का आह्वान है।

और उन बहादुर लोगों को भी जिन्होंने अपनी कहानियाँ साझा कीं - शुक्रिया। आपके ज़ख्म अब दूसरों को आज़ादी देते हैं।

यह भक्ति अंधकार में एक मार्ग प्रशस्त करे और अनेकों को प्रभुत्व, उपचार और पवित्र अग्नि की ओर ले जाए।
आपको भुलाया नहीं गया है। आप शक्तिहीन नहीं हैं। आपका जन्म स्वतंत्रता के लिए हुआ है।

- जकारियास गॉडसीगल, राजदूत मंडे ओ. ओग्बे और कम्फर्ट लाडी ओग्बे

स्वीकृतियाँ

सबसे पहले और सबसे महत्वपूर्ण, हम **सर्वशक्तिमान परमेश्वर - पिता, पुत्र और पवित्र आत्मा**, प्रकाश और सत्य के रचयिता को स्वीकार करते हैं, जिन्होंने बंद दरवाज़ों, पर्दों, उपदेश-मंचों और मंचों के पीछे के अदृश्य संघर्षों के प्रति हमारी आँखें खोलीं। हमारे उद्धारकर्ता और राजा, यीशु मसीह को हम सारी महिमा देते हैं।

दुनिया भर के उन बहादुर पुरुषों और महिलाओं के लिए जिन्होंने अपनी पीड़ा, विजय और परिवर्तन की कहानियाँ साझा कीं - आपके साहस ने दुनिया भर में आज़ादी की एक लहर जगा दी है। चुप्पी तोड़ने के लिए धन्यवाद।

शहरपनाह पर तैनात सेवकाई और पहरेदारों के लिए, जिन्होंने गुप्त स्थानों में काम किया है—शिक्षा, मध्यस्थता, उद्धार और विवेक का कार्य—हम आपकी दृढ़ता का सम्मान करते हैं। आपकी आज्ञाकारिता गढ़ों को ध्वस्त करती रहती है और ऊँचे स्थानों पर छिपे धोखे को उजागर करती रहती है।

हमारे परिवारों, प्रार्थना सहयोगियों और सहायता टीमों को, जो सच्चाई को उजागर करने के लिए आध्यात्मिक मलबे को खोदने के दौरान हमारे साथ खड़े रहे - आपके अटूट विश्वास और धैर्य के लिए धन्यवाद।

शोधकर्ताओं, यूट्यूब गवाहों, मुखबिरों और राज्य योद्धाओं के लिए जो अपने प्लेटफार्मों के माध्यम से अंधकार को उजागर करते हैं - आपकी निर्भीकता ने इस कार्य को अंतर्दृष्टि, रहस्योद्घाटन और तात्कालिकता प्रदान की है।

मसीह की देह के लिए : यह पुस्तक आपकी भी है। यह आपमें सतर्क, विवेकशील और निडर रहने का पवित्र संकल्प जागृत करे। हम इसे विशेषज्ञों के रूप में नहीं, बल्कि गवाहों के रूप में लिख रहे हैं। हम न्यायाधीशों के रूप में नहीं, बल्कि मुक्ति प्राप्त लोगों के रूप में खड़े हैं।

और अंत में, **इस भक्ति के पाठकों के लिए** - साधकों, योद्धाओं, पादरियों, उद्धार सेवकों, उत्तरजीवियों और हर देश के सत्य प्रेमियों के लिए - हर पृष्ठ आपको **आगे** बढ़ने के लिए सशक्त करे **अंधकार से प्रभुत्व की ओर** .

- जकारियास गॉडसीगल
- राजदूत मंडे ओ. ओगबे - कम्फर्ट लाडी ओगबे

पाठक के लिए

यह सिर्फ़ एक किताब नहीं है। यह एक आह्वान है।

जो लंबे समय से छिपा हुआ है उसे उजागर करने का आह्वान - पीढ़ियों, व्यवस्थाओं और आत्माओं को आकार देने वाली अदृश्य शक्तियों का सामना करने का। चाहे आप एक **युवा साधक हों**, एक **पादरी जो उन लड़ाइयों से थक चुका है जिनका नाम आप नहीं ले सकते**, एक **व्यवसायी नेता जो रात के आतंक से जूझ रहा हो**, या एक **राष्ट्राध्यक्ष जो निरंतर राष्ट्रीय अंधकार का सामना कर रहा हो**, यह भक्ति आपको **अंधकार से बाहर निकलने का मार्गदर्शक है**।

व्यक्ति के लिए : आप पागल नहीं हैं। आप जो महसूस करते हैं—अपने सपनों में, अपने वातावरण में, अपने रक्त-वंश में—वह सचमुच आध्यात्मिक हो सकता है। ईश्वर केवल उपचारक नहीं है; वह मुक्तिदाता भी है।

परिवार के लिए : यह 40-दिवसीय यात्रा आपको उन आदतों की पहचान करने में मदद करेगी जो लंबे समय से आपके वंश को परेशान कर रही हैं - व्यसन, असामयिक मृत्यु, तलाक, बांझपन, मानसिक पीड़ा, अचानक गरीबी - और उन्हें तोड़ने के लिए उपकरण प्रदान करेगी।

चर्च के नेताओं और पादरियों के लिए : ईश्वर करे कि यह आपके अंदर गहरी समझ और साहस जगाए ताकि आप आध्यात्मिक क्षेत्र का सामना सिर्फ़ मंच से ही नहीं, बल्कि मंच से भी कर सकें। मुक्ति वैकल्पिक नहीं है। यह महान आदेश का हिस्सा है।

सीईओ, उद्यमियों और पेशेवरों के लिए : आध्यात्मिक अनुबंध बोर्डरूम में भी काम करते हैं। अपना व्यवसाय ईश्वर को समर्पित करें। व्यावसायिक भाग्य, रक्त संधि या फ्रीमेसन के पक्ष में छिपे पूर्वजों के वेदियों को तोड़ दें। स्वच्छ हाथों से निर्माण करें।

पहरेदारों और मध्यस्थों के लिए : आपकी सतर्कता व्यर्थ नहीं गई। यह संसाधन आपके हाथों में एक हथियार है - आपके शहर, आपके क्षेत्र, आपके राष्ट्र के लिए।

राष्ट्रपतियों **और प्रधानमंत्रियों** , अगर यह बात कभी आपके पास पहुँचे: राष्ट्र केवल नीतियों से नहीं चलते। वे वेदियों से चलते हैं—जो गुप्त रूप से या सार्वजनिक रूप से स्थापित की जाती हैं। जब तक छिपी हुई नींव पर ध्यान नहीं दिया जाता, शांति अप्राप्य रहेगी। यह भक्ति आपको पीढ़ीगत सुधार की ओर प्रेरित करे।

निराशा के क्षण में इसे पढ़ रहे किसी **भी युवक या युवती के लिए: ईश्वर आपको देख रहा है। उसने आपको चुना है। और वह आपको हमेशा के लिए बाहर निकाल रहा है।**

यह आपकी यात्रा है। एक दिन एक बार। एक श्रृंखला एक बार।

अंधकार से प्रभुत्व की ओर - यह आपका समय है।

इस पुस्तक का उपयोग कैसे करे

अंधकार से प्रभुत्व की ओर: अंधकार की छिपी पकड़ से मुक्ति के लिए 40 दिन, एक भक्ति-पुस्तक से कहीं बढ़कर है—यह मुक्ति की एक पुस्तिका, आध्यात्मिक विषहरण और युद्ध-शिविर है। चाहे आप इसे अकेले पढ़ रहे हों, समूह के साथ, चर्च में, या एक मार्गदर्शक के रूप में दूसरों का मार्गदर्शन कर रहे हों, इस शक्तिशाली 40-दिवसीय यात्रा का अधिकतम लाभ उठाने का तरीका यहां बताया गया है:

दैनिक लय

प्रत्येक दिन एक सुसंगत संरचना का पालन करता है जो आपको आत्मा, मन और शरीर को संलग्न करने में मदद करता है:

- **मुख्य भक्ति शिक्षा** - छिपे हुए अंधकार को उजागर करने वाला एक रहस्योद्घाटन विषय।
- **वैश्विक संदर्भ** - यह गढ़ विश्व भर में किस प्रकार प्रकट होता है।
- **वास्तविक जीवन की कहानियाँ** - विभिन्न संस्कृतियों से सच्ची मुक्ति की घटनाएँ।
- **कार्य योजना** - व्यक्तिगत आध्यात्मिक अभ्यास, त्याग, या घोषणाएँ।
- **समूह अनुप्रयोग** - छोटे समूहों, परिवारों, चर्चों या उद्धार टीमों में उपयोग के लिए।
- **मुख्य अंतर्दृष्टि** - याद रखने और प्रार्थना करने के लिए एक संक्षिप्त जानकारी।
- **प्रतिबिंब जर्नल** - प्रत्येक सत्य को गहराई से समझने के लिए हृदय से प्रश्न पूछें।

- **मुक्ति की प्रार्थना** - गढ़ों को तोड़ने के लिए लक्षित आध्यात्मिक युद्ध प्रार्थना।

आपको किस चीज़ की ज़रूरत पड़ेगी

- आपकी **बाइबिल**
- एक **समर्पित जर्नल या नोटबुक**
- **अभिषेक तेल** (वैकल्पिक लेकिन प्रार्थना के दौरान शक्तिशाली)
- आत्मा के मार्गदर्शन के अनुसार **उपवास और प्रार्थना करने की** इच्छा
- गंभीर मामलों के लिए **जवाबदेही भागीदार या प्रार्थना टीम**

समूहों या चर्चों के साथ कैसे उपयोग करें

- अंतर्दृष्टि पर चर्चा करने और एक साथ प्रार्थना का नेतृत्व करने के लिए **दैनिक या साप्ताहिक रूप से** मिलें।
- समूह सत्रों से पहले सदस्यों को **रिफ्लेक्शन जर्नल पूरा करने के लिए प्रोत्साहित करें।**
- चर्चा, स्वीकारोक्ति या कॉर्पोरेट मुक्ति के क्षणों को जगाने के लिए **समूह आवेदन अनुभाग का** उपयोग करें।
- अधिक तीव्र अभिव्यक्तियों को संभालने के लिए प्रशिक्षित नेताओं को नामित करें।

पादरियों, नेताओं और उद्धार मंत्रियों के लिए

- दैनिक विषयों को उपदेश मंच से या उद्धार प्रशिक्षण स्कूलों में पढ़ाएं।

- अपनी टीम को इस भक्ति को परामर्श मार्गदर्शिका के रूप में उपयोग करने के लिए तैयार करें।
- आध्यात्मिक मानचित्रण, पुनरुद्धार बैठकों या शहर प्रार्थना अभियान के लिए आवश्यकतानुसार अनुभागों को अनुकूलित करें।

अन्वेषण के लिए परिशिष्ट

पुस्तक के अंत में आपको शक्तिशाली बोनस संसाधन मिलेंगे, जिनमें शामिल हैं:

1. **सम्पूर्ण मुक्ति की दैनिक घोषणा** - इसे हर सुबह और रात को ऊँची आवाज़ में बोलें।
2. **मीडिया त्याग गाइड** - मनोरंजन में आध्यात्मिक संदूषण से अपने जीवन को डिटॉक्स करें।
3. **चर्चों में छिपी हुई वेदियों को पहचानने के लिए प्रार्थना** - मध्यस्थों और चर्च कार्यकर्ताओं के लिए।
4. **फ्रीमेसनरी, कबला, कुंडलिनी और गुप्त त्याग स्क्रिप्ट** - शक्तिशाली पश्चाताप प्रार्थनाएँ।
5. **सामूहिक मुक्ति चेकलिस्ट** - धर्मयुद्ध, गृह संगति, या व्यक्तिगत एकांतवास में उपयोग करें।
6. **गवाही वीडियो लिंक**

प्रस्तावना

यह एक युद्ध है - अदृश्य, अव्यक्त, लेकिन भयंकर रूप से वास्तविक - जो पुरुषों, महिलाओं, बच्चों, परिवारों, समुदायों और राष्ट्रों की आत्माओं पर भड़क रहा है।

यह किताब किसी सिद्धांत से नहीं, बल्कि आग से पैदा हुई है। रोते हुए मुक्ति कक्षों से। साये में फुसफुसाए गए और छतों से चिल्लाए गए साक्ष्यों से। गहन अध्ययन, वैश्विक मध्यस्थता, और सतही ईसाई धर्म के प्रति एक पवित्र कुंठा से, जो अभी भी विश्वासियों को उलझाए हुए **अंधकार की जड़ों से निपटने में विफल है।**

बहुत से लोग क्रूस पर चढ़ गए हैं, लेकिन अभी भी ज़ंजीरों में जकड़े हुए हैं। बहुत से पादरी आज़ादी का उपदेश दे रहे हैं, जबकि वे गुप्त रूप से वासना, भय या पैतृक वाचाओं के राक्षसों द्वारा सताए जा रहे हैं। बहुत से परिवार गरीबी, विकृति, व्यसन, बांझपन, शर्म के चक्र में फँसे हुए हैं - और **पता नहीं क्यों**। और बहुत से चर्च राक्षसों, जादू-टोने, रक्त वेदियों या मुक्ति के बारे में बात करने से बचते हैं क्योंकि यह "बहुत तीव्र" है।

लेकिन यीशु अंधकार से नहीं भागे - उन्होंने **उसका सामना किया**। उन्होंने दुष्टात्माओं को नज़रअंदाज़ नहीं किया - उन्होंने **उन्हें बाहर निकाला**।
और उन्होंने सिर्फ़ आपको क्षमा करने के लिए अपनी जान नहीं दी - उन्होंने **आपको आज़ाद करने के लिए अपनी जान दी**।

यह 40-दिवसीय वैश्विक भक्ति कोई साधारण बाइबल अध्ययन नहीं है। यह एक **आध्यात्मिक संचालन कक्ष है**। स्वतंत्रता की एक पत्रिका। उन लोगों के लिए नरक से बाहर निकलने का एक नक्शा जो

मुक्ति और सच्ची स्वतंत्रता के बीच फँसे हुए हैं। चाहे आप पोर्नोग्राफी से जकड़े किशोर हों, साँपों के सपनों से ग्रस्त प्रथम महिला हों, पैतृक अपराधबोध से ग्रस्त प्रधानमंत्री हों, गुप्त बंधन में छुपे भविष्यवक्ता हों, या राक्षसी सपनों से जागने वाला बच्चा हों—यह यात्रा आपके लिए है।

आपको दुनिया भर से - अफ्रीका, एशिया, यूरोप, उत्तर और दक्षिण अमेरिका - ऐसी कहानियाँ मिलेंगी जो एक ही सच्चाई की पुष्टि करती हैं: **शैतान किसी का पक्ष नहीं करता** । लेकिन ईश्वर भी नहीं। और जो उसने दूसरों के लिए किया है, वही वह आपके लिए भी कर सकता है।

यह पुस्तक निम्नलिखित के लिए लिखी गई है:

- व्यक्तिगत मुक्ति चाहने वाले **व्यक्ति**
- **परिवारों को** पीढ़ी दर पीढ़ी उपचार की आवश्यकता
- **पादरियों** और चर्च कार्यकर्ताओं को उपकरण की आवश्यकता है
- **व्यापारिक नेता** आध्यात्मिक युद्ध में जुटे हैं
- **राष्ट्र** सच्चे पुनरुत्थान के लिए पुकार रहे हैं
- **युवा** जिन्होंने अनजाने में ही अपने लिए दरवाजे खोल लिए हैं
- **उद्धार सेवक** जिन्हें संरचना और रणनीति की आवश्यकता है
- और यहां तक कि **वे लोग भी जो राक्षसों में विश्वास नहीं करते** - जब तक कि वे इन पृष्ठों पर अपनी कहानी न पढ़ लें

आप पर दबाव पड़ेगा। आपको चुनौतियाँ मिलेंगी। लेकिन अगर आप अपने रास्ते पर डटे रहेंगे, तो आप **बदल भी जाएँगे** ।

आप यूँ ही आज़ाद नहीं हो जाएँगे।
आप **प्रभुत्व में चलेंगे** ।

चलो शुरू करें।

- जकारियास गोडसीगल, राजदूत मंडे ओ. ओग्बे, और कम्फर्ट लाडी ओग्बे

प्रस्तावना

राष्ट्रों में हलचल मची हुई है। आत्मिक जगत में कंपन हो रहा है। धर्म-मंचों से लेकर संसदों तक, बैठक कक्षों से लेकर भूमिगत गिरिजाघरों तक, हर जगह लोग एक भयावह सच्चाई के प्रति जागरूक हो रहे हैं: हमने दुश्मन की पहुँच को कम करके आंका है — और हमने मसीह में अपने अधिकार को गलत समझा है।

"अंधकार से प्रभुत्व की ओर" सिर्फ़ एक भक्ति नहीं है; यह एक स्पष्ट आह्वान है। एक भविष्यसूचक मार्गदर्शिका। यह उन सताए हुए, बंधे हुए और सच्चे विश्वासी के लिए एक जीवनरेखा है जो सोच रहे हैं, "मैं अभी भी जंजीरों में क्यों जकड़ा हुआ हूँ?"

एक ऐसे व्यक्ति के रूप में जिसने विभिन्न राष्ट्रों में पुनरुत्थान और उद्धार देखा है, मैं प्रत्यक्ष रूप से जानता हूँ कि कलीसिया में ज्ञान की कमी नहीं है - हममें आध्यात्मिक **जागरूकता** , **साहस** और **अनुशासन की कमी** है। यह कार्य उस अंतर को पाटता है। यह वैश्विक साक्ष्यों, कठोर सत्य, व्यावहारिक कार्य और क्रूस की शक्ति को एक 40-दिवसीय यात्रा में पिरोता है जो धूल से ढँके सुप्त जीवन को झकझोर देगी और थके हुए लोगों में आग जला देगी।

उस पादरी के लिए जो वेदियों का सामना करने का साहस करता है, उस युवा वयस्क के लिए जो चुपचाप राक्षसी सपनों से जूझ रहा है, उस व्यवसायी के लिए जो अदृश्य अनुबंधों में उलझा हुआ है, तथा उस नेता के लिए जो जानता है कि कुछ *आध्यात्मिक रूप से गलत है*, लेकिन उसका नाम नहीं बता सकता - यह पुस्तक आपके लिए है।

मैं आपसे आग्रह करता हूँ कि इसे निष्क्रियता से न पढ़ें। हर पन्ने को अपनी आत्मा को जगाने दें। हर कहानी को युद्ध की प्रेरणा दें। हर घोषणा को अपने मुँह से आग उगलने का प्रशिक्षण दें। और जब आप इन 40 दिनों से गुज़र चुके हों, तो सिर्फ़ अपनी आज़ादी का जश्न न मनाएँ - दूसरों की आज़ादी का माध्यम बनें।

क्योंकि सच्चा प्रभुत्व केवल अंधकार से बच निकलना नहीं है...
यह तो मुड़ना और दूसरों को प्रकाश की ओर खींच लाना है।

मसीह के अधिकार और सामर्थ्य में,

राजदूत ओगबे

परिचय

अंधकार से प्रभुत्व की ओर: अंधकार की गुप्त पकड़ से मुक्त होने के लिए 40 दिन मात्र एक भक्तिमय पुस्तक नहीं है - यह एक वैश्विक जागृति का आह्वान है।

पूरी दुनिया में—गांवों से लेकर राष्ट्रपति भवन, चर्च की वेदियों से लेकर बोर्डरूम तक—पुरुष और महिलाएं आज़ादी की गुहार लगा रहे हैं। सिर्फ़ मुक्ति की नहीं। **मुक्ति की। स्पष्टता की। सफलता की। संपूर्णता की। शांति की। शक्ति की।**

लेकिन सच तो यह है: जिसे आप बर्दाश्त करते हैं, उसे आप निकाल नहीं सकते। जिसे आप देख नहीं सकते, उससे आप मुक्त नहीं हो सकते। यह किताब उस अँधेरे में आपकी रोशनी है।

40 दिनों तक, आप शिक्षाओं, कहानियों, साक्ष्यों और रणनीतिक कार्यों से गुजरेंगे जो अंधकार के छिपे हुए कार्यों को उजागर करेंगे और आपको आत्मा, प्राण और शरीर पर विजय पाने के लिए सशक्त बनाएंगे।

चाहे आप पादरी हों, सीईओ हों, मिशनरी हों, मध्यस्थ हों, किशोरी हों, माँ हों या राष्ट्राध्यक्ष हों, इस पुस्तक की विषयवस्तु आपका सामना करेगी। आपको शर्मिंदा करने के लिए नहीं—बल्कि आपको आज़ाद करने और दूसरों को आज़ादी की राह पर ले जाने के लिए तैयार करने के लिए।

जागरूकता, मुक्ति और शक्ति का एक वैश्विक भक्ति है - जो धर्मशास्त्र में निहित है, वास्तविक जीवन के वृत्तांतों से तीक्ष्ण है, और यीशु के रक्त से सराबोर है।

इस भक्ति का उपयोग कैसे करें

1. **पाँच आधारभूत अध्यायों से शुरुआत करें**
   । ये अध्याय आधारशिला रखते हैं। इन्हें छोड़ें नहीं। ये आपको अंधकार की आध्यात्मिक संरचना और उससे ऊपर उठने के लिए आपको दिए गए अधिकार को समझने में मदद करेंगे।
2. **प्रत्येक दिन को जानबूझकर पूरा करें**
   प्रत्येक दैनिक प्रविष्टि में एक फोकस विषय, वैश्विक अभिव्यक्तियाँ, एक वास्तविक कहानी, शास्त्र, एक कार्य योजना, समूह अनुप्रयोग विचार, प्रमुख अंतर्दृष्टि, जर्नल संकेत और एक शक्तिशाली प्रार्थना शामिल है।
3. इस पुस्तक के अंत में पाए जाने वाले **दैनिक 360° घोषणा के साथ हर दिन को बंद करें** , यह शक्तिशाली घोषणा आपकी स्वतंत्रता को मजबूत करने और आपके आध्यात्मिक द्वारों की रक्षा करने के लिए बनाई गई है।

4. **इसका प्रयोग अकेले या समूह में करें**
   चाहे आप इसे व्यक्तिगत रूप से या समूह में, घरेलू संगति, मध्यस्थता दल या उद्धार मंत्रालय में कर रहे हों - पवित्र आत्मा को गति का मार्गदर्शन करने और युद्ध योजना को व्यक्तिगत बनाने की अनुमति दें।
5. **विरोध की अपेक्षा करें—और निर्णायक**
   प्रतिरोध ज़रूर आएगा। लेकिन आज़ादी भी ज़रूर मिलेगी।

मुक्ति एक प्रक्रिया है, और यीशु आपके साथ इस प्रक्रिया में चलने के लिए प्रतिबद्ध हैं।

आधारभूत अध्याय (पहले दिन से पहले पढ़ें)

1. डार्क किंगडम की उत्पत्ति

लूसिफ़र के विद्रोह से लेकर राक्षसी पदानुक्रमों और क्षेत्रीय आत्माओं के उदय तक, यह अध्याय अंधकार के बाइबिल और आध्यात्मिक इतिहास का पता लगाता है। यह समझना कि इसकी शुरुआत कहाँ से हुई, आपको यह समझने में मदद करता है कि यह कैसे काम करता है।

2. आज अंधकार साम्राज्य कैसे संचालित होता है

वाचाओं और रक्त बलिदानों से लेकर वेदियों, समुद्री आत्माओं और तकनीकी घुसपैठ तक, यह अध्याय प्राचीन आत्माओं के आधुनिक चेहरों को उजागर करता है - जिसमें यह भी शामिल है कि कैसे मीडिया, रुझान और यहां तक कि धर्म भी छलावरण के रूप में काम कर सकते हैं।

3. प्रवेश बिंदु: लोग कैसे आकर्षित होते हैं

कोई भी व्यक्ति संयोगवश बंधन में पैदा नहीं होता। यह अध्याय आघात, पैतृक वेदियों, जादू-टोने के प्रदर्शन, आत्मिक बंधनों, गुप्त जिज्ञासाओं, फ़्रीमेसनरी, झूठी आध्यात्मिकता और सांस्कृतिक प्रथाओं जैसे द्वारों की जाँच करता है।

4. अभिव्यक्तियाँ: आधिपत्य से जुनून तक

बंधन कैसा दिखता है? बुरे सपनों से लेकर वैवाहिक जीवन में देरी, बांझपन, लत, क्रोध और यहाँ तक कि "पवित्र हँसी" तक, यह अध्याय बताता है कि कैसे राक्षस खुद को समस्याओं, उपहारों या व्यक्तित्वों के रूप में छिपाते हैं।

5. वचन की शक्ति: विश्वासियों का अधिकार

40-दिवसीय युद्ध शुरू करने से पहले, आपको मसीह में अपने कानूनी अधिकारों को समझना होगा। यह अध्याय आपको आध्यात्मिक नियमों, युद्ध के हथियारों, धर्मशास्त्रीय नियमों और मुक्ति की भाषा से लैस करता है।

शुरू करने से पहले एक अंतिम प्रोत्साहन

परमेश्वर आपको अंधकार को *नियंत्रित करने के लिए नहीं बुला रहा है।* वह आपको उस पर **प्रभुत्व स्थापित करने के लिए बुला रहा है।** शक्ति से नहीं, सामर्थ्य से नहीं, बल्कि अपनी आत्मा से।

आने वाले ये 40 दिन सिर्फ़ भक्ति से बढ़कर हों।
ये हर उस वेदी का अंतिम संस्कार हो जिसने कभी आपको नियंत्रित किया था... और ईश्वर द्वारा आपके लिए निर्धारित नियति में राज्याभिषेक हो।

आपकी प्रभुत्व यात्रा अब शुरू होती है।

अध्याय 1: अंधकार साम्राज्य की उत्पत्ति

"क्योंकि हमारा यह मल्लयुद्ध, लोहू और मांस से नहीं, परन्तु प्रधानों से, और अधिकारियों से, और इस संसार के अन्धकार के हाकिमों से, और उस दुष्टता की आत्मिक सेनाओं से है जो आकाश में हैं।" - इफिसियों 6:12

मानवता के समय के रंगमंच पर कदम रखने से बहुत पहले, स्वर्ग में एक अदृश्य युद्ध छिड़ गया था। यह तलवारों या बंदूकों का युद्ध नहीं था, बल्कि विद्रोह का युद्ध था—परमप्रधान परमेश्वर की पवित्रता और अधिकार के विरुद्ध एक घोर राजद्रोह। बाइबल विभिन्न अंशों के माध्यम से इस रहस्य को उजागर करती है जो परमेश्वर के सबसे सुंदर स्वर्गदूतों में से एक— चमकते हुए **लूसिफ़र** —के पतन का संकेत देते हैं, जिसने स्वयं को परमेश्वर के सिंहासन से ऊपर उठाने का साहस किया (यशायाह 14:12-15, यहेजकेल 28:12-17)।

इस ब्रह्मांडीय विद्रोह ने **अंधकार साम्राज्य को जन्म दिया** - आध्यात्मिक प्रतिरोध और धोखे का एक क्षेत्र, जो पतित स्वर्गदूतों (अब राक्षसों), रियासतों और शक्तियों से बना था जो परमेश्वर की इच्छा और परमेश्वर के लोगों के विरुद्ध थे।

अंधकार का पतन और निर्माण

लूसिफ़र हमेशा से दुष्ट नहीं था। उसे बुद्धि और सुंदरता में परिपूर्ण बनाया गया था। लेकिन उसके मन में अहंकार आ गया और अहंकार विद्रोह में बदल गया। उसने स्वर्ग के एक तिहाई स्वर्गदूतों को अपने पीछे आने के लिए बहकाया (प्रकाशितवाक्य 12:4), और उन्हें स्वर्ग से निकाल दिया गया। मानवता के प्रति उनकी घृणा ईर्ष्या में निहित है

क्योंकि मानवजाति को परमेश्वर के स्वरूप में बनाया गया था और उसे प्रभुत्व दिया गया था।

प्रकाश के राज्य और **अंधकार के राज्य** के बीच युद्ध शुरू हुआ - एक अदृश्य संघर्ष जो हर आत्मा, हर घर और हर राष्ट्र को प्रभावित करता है।

डार्क किंगडम की वैश्विक अभिव्यक्ति

यद्यपि अदृश्य, इस अंधकारमय साम्राज्य का प्रभाव गहराई से अंतर्निहित है:

- **सांस्कृतिक परंपराएँ** (पूर्वजों की पूजा, रक्त बलिदान, गुप्त समाज)
- **मनोरंजन** (अचेतन संदेश, गुप्त संगीत और शो)
- **शासन** (भ्रष्टाचार, रक्त समझौते, शपथ)
- **प्रौद्योगिकी** (लत, नियंत्रण, मन हेरफेर के लिए उपकरण)
- **शिक्षा** (मानवतावाद, सापेक्षवाद, मिथ्या ज्ञान)

अफ्रीकी जूजू से लेकर पश्चिमी नए युग के रहस्यवाद तक, मध्य पूर्वी जिन्न पूजा से लेकर दक्षिण अमेरिकी शामानवाद तक, रूप अलग-अलग हैं लेकिन **भावना एक ही है** - धोखा, प्रभुत्व और विनाश।

यह पुस्तक अब क्यों महत्वपूर्ण है

शैतान की सबसे बड़ी चाल यह है कि वह लोगों को यह विश्वास दिला देता है कि उसका अस्तित्व ही नहीं है - या इससे भी बदतर, कि उसके तरीके हानिरहित हैं।

यह भक्ति एक **आध्यात्मिक बुद्धिमत्ता मैनुअल है** - पर्दा उठाना, उसकी योजनाओं को उजागर करना, और महाद्वीपों भर के विश्वासियों को सशक्त बनाना:

- प्रवेश बिंदुओं को **पहचानें**
- छिपी हुई वाचाओं का **त्याग करें**
- अधिकार के साथ **विरोध करें**
- चोरी हुई चीज़ **वापस पाएँ**

आप एक युद्ध में पैदा हुए थे

यह प्रार्थना कमज़ोर दिल वालों के लिए नहीं है। आप युद्ध के मैदान में पैदा हुए हैं, खेल के मैदान में नहीं। लेकिन अच्छी खबर यह है: **यीशु पहले ही युद्ध जीत चुके हैं!**

"उसने हाकिमों और अधिकारियों को निहत्था कर दिया, और अपने द्वारा उन पर जयवन्त होकर उन्हें लज्जित किया।" —कुलुस्सियों 2:15

आप पीड़ित नहीं हैं। मसीह के माध्यम से आप एक विजेता से भी बढ़कर हैं। आइए अंधकार को उजागर करें और साहसपूर्वक प्रकाश की ओर चलें।

मुख्य अंतर्दृष्टि

अंधकार की जड़ अहंकार, विद्रोह और परमेश्वर के शासन को अस्वीकार करना है। यही बीज आज भी लोगों और व्यवस्थाओं के हृदय में व्याप्त हैं। आध्यात्मिक युद्ध को समझने के लिए, हमें पहले यह समझना होगा कि विद्रोह की शुरुआत कैसे हुई।

प्रतिबिंब पत्रिका

- क्या मैंने आध्यात्मिक युद्ध को अंधविश्वास समझकर खारिज कर दिया है?
- मैंने कौन सी सांस्कृतिक या पारिवारिक प्रथाओं को सामान्य बना दिया है जो प्राचीन विद्रोह से जुड़ी हो सकती हैं?
- क्या मैं सचमुच उस युद्ध को समझता हूँ जिसमें मेरा जन्म हुआ था?

रोशनी की प्रार्थना

हे स्वर्गीय पिता, मेरे चारों ओर और मेरे भीतर छिपे विद्रोह की जड़ों को उजागर करें। उस अंधकारमय झूठ को उजागर करें जिसे मैंने अनजाने में अपनाया है। आपकी सच्चाई हर अंधेरे में चमके। मैं प्रकाश के राज्य को चुनता हूँ। मैं सत्य, शक्ति और स्वतंत्रता में चलना चुनता हूँ। यीशु के नाम में। आमीन।

अध्याय 2: आज अंधकार साम्राज्य कैसे काम करता है

"ऐसा न हो कि शैतान हम पर फ़ायदा उठाए, क्योंकि हम उसकी युक्तियों से अनजान नहीं।" —2 कुरिन्थियों 2:11

अंधकार का राज्य बेतरतीब ढंग से काम नहीं करता। यह एक सुव्यवस्थित, गहन स्तरित आध्यात्मिक ढाँचा है जो सैन्य रणनीति की तरह काम करता है। इसका लक्ष्य: घुसपैठ करना, हेरफेर करना, नियंत्रण करना और अंततः विनाश करना है। जिस प्रकार परमेश्वर के राज्य में पद और व्यवस्था (प्रेरित, भविष्यद्वक्ता, आदि) होती है, उसी प्रकार अंधकार के राज्य में भी प्रधानताएँ, अधिकार, अंधकार के शासक और ऊँचे पदों पर विराजमान आत्मिक दुष्टता होती है (इफिसियों 6:12)।

डार्क किंगडम कोई मिथक नहीं है। यह कोई लोककथा या धार्मिक अंधविश्वास नहीं है। यह आध्यात्मिक एजेंटों का एक अदृश्य लेकिन वास्तविक नेटवर्क है जो शैतान के एजेंडे को पूरा करने के लिए व्यवस्थाओं, लोगों और यहाँ तक कि कलीसियाओं को भी नियंत्रित करता है। हालाँकि कई लोग पिचफ़र्क और लाल सींगों की कल्पना करते हैं, लेकिन इस साम्राज्य का वास्तविक संचालन कहीं अधिक सूक्ष्म, व्यवस्थित और भयावह है।

1. धोखा उनकी मुद्रा है

दुश्मन झूठ का व्यापार करता है। अदन की वाटिका (उत्पत्ति 3) से लेकर आज के दर्शनशास्त्रों तक, शैतान की चालें हमेशा परमेश्वर के

वचन में संदेह पैदा करने के इर्द-गिर्द घूमती रही हैं। आज, धोखा इन रूपों में प्रकट होता है:

- *ज्ञानोदय के रूप में प्रच्छन्न नवयुग की शिक्षाएँ*
- *सांस्कृतिक गौरव के रूप में छिपी हुई गुप्त प्रथाएँ*
- *संगीत, फिल्मों, कार्टूनों और सोशल मीडिया के रुझानों में जादू-टोने को ग्लैमराइज़ किया जा रहा है*

लोग अनजाने में ऐसे अनुष्ठानों में भाग लेते हैं या बिना विवेक के ऐसे मीडिया का उपभोग करते हैं जो आध्यात्मिक द्वार खोलते हैं।

2. बुराई की पदानुक्रमिक संरचना

जिस प्रकार परमेश्वर के राज्य में व्यवस्था है, उसी प्रकार अंधकार का राज्य एक निश्चित पदानुक्रम के अंतर्गत कार्य करता है:

- **रियासतें** - राष्ट्रों और सरकारों को प्रभावित करने वाली क्षेत्रीय भावनाएँ
- **शक्तियाँ** - वे एजेंट जो राक्षसी प्रणालियों के माध्यम से दुष्टता को लागू करते हैं
- **अंधकार के शासक** - आध्यात्मिक अंधेपन, मूर्तिपूजा, झूठे धर्म के समन्वयक
- **उच्च स्थानों पर आध्यात्मिक दुष्टता** - वैश्विक संस्कृति, धन और प्रौद्योगिकी को प्रभावित करने वाली कुलीन-स्तरीय संस्थाएँ

प्रत्येक दानव कुछ निश्चित कार्यों में माहिर होता है - भय, व्यसन, यौन विकृति, भ्रम, अभिमान, विभाजन।

3. सांस्कृतिक नियंत्रण के उपकरण

शैतान को अब शारीरिक रूप से प्रकट होने की ज़रूरत नहीं है। अब संस्कृति ही भारी काम करती है। आज उसकी रणनीतियाँ इस प्रकार हैं:

- **अचेतन संदेश:** संगीत, शो, छिपे हुए प्रतीकों और उल्टे संदेशों से भरे विज्ञापन
- **असंवेदनशीलता:** पाप (हिंसा, नग्नता, अपवित्रता) के संपर्क में बार-बार आना जब तक कि यह "सामान्य" न हो जाए
- **मन पर नियंत्रण तकनीकें:** मीडिया सम्मोहन, भावनात्मक हेरफेर और व्यसनकारी एल्गोरिदम के माध्यम से

यह कोई संयोग नहीं है। ये रणनीतियाँ नैतिक विश्वासों को कमज़ोर करने, परिवारों को नष्ट करने और सत्य को नए सिरे से परिभाषित करने के लिए बनाई गई हैं।

4. पीढ़ीगत समझौते और रक्तरेखाएँ

सपनों, रीति-रिवाजों, समर्पणों या पैतृक समझौतों के ज़रिए, कई लोग अनजाने में ही अंधकार से जुड़ जाते हैं। शैतान इनसे फ़ायदा उठाता है:

- पारिवारिक वेदियाँ और पैतृक मूर्तियाँ
- आत्माओं का आह्वान करते हुए नामकरण समारोह
- गुप्त पारिवारिक पाप या पीढ़ी दर पीढ़ी चले आ रहे अभिशाप

ये तब तक कष्ट सहने के लिए कानूनी आधार प्रदान करते हैं जब तक कि यीशु के लहू के द्वारा वाचा टूट न जाए।

5. झूठे चमत्कार, झूठे भविष्यवक्ता

अंधकार साम्राज्य धर्म से प्रेम करता है—खासकर अगर उसमें सत्य और शक्ति का अभाव हो। झूठे भविष्यवक्ता, मोहक आत्माएँ और नकली चमत्कार जनता को धोखा देते हैं:

"क्योंकि शैतान आप भी ज्योतिर्मय स्वर्गदूत का रूप धारण करता है।"
—2 कुरिन्थियों 11:14

आज बहुत से लोग ऐसी आवाजों का अनुसरण करते हैं जो उनके कानों को गुदगुदाती हैं, लेकिन उनकी आत्माओं को बांध लेती हैं।

मुख्य अंतर्दृष्टि

शैतान हमेशा ज़ोर से नहीं बोलता—कभी-कभी वह समझौते के ज़रिए फुसफुसाता भी है। डार्क किंगडम की सबसे बड़ी चाल यही है कि लोगों को यकीन दिलाया जाए कि वे आज़ाद हैं, जबकि वे छुपकर गुलाम बनाए गए हैं।

प्रतिबिंब जर्नल:

- आपने अपने समुदाय या राष्ट्र में ये कार्य कहां देखे हैं?
- क्या ऐसे शो, संगीत, एप या अनुष्ठान हैं जिन्हें आपने सामान्य बना दिया है, जो वास्तव में हेरफेर के उपकरण हो सकते हैं?

जागरूकता और पश्चाताप की प्रार्थना:

प्रभु यीशु, शत्रु की गतिविधियों को देखने के लिए मेरी आँखें खोल दीजिए। मेरे द्वारा विश्वास किए गए हर झूठ का पर्दाफ़ाश कीजिए। मुझे उन सभी दरवाज़ों के लिए क्षमा कीजिए जो मैंने जाने-अनजाने में खोले हैं। मैं अंधकार के साथ समझौता तोड़ता हूँ और आपकी सच्चाई,

आपकी शक्ति और आपकी स्वतंत्रता को चुनता हूँ। यीशु के नाम में। आमीन।

अध्याय 3: प्रवेश बिंदु - लोग कैसे आकर्षित होते हैं

"शैतान को पैर रखने का मौका न दो।" —इफिसियों 4:27

हर संस्कृति, पीढ़ी और घर में छिपे हुए द्वार होते हैं—ऐसे द्वार जिनसे आध्यात्मिक अंधकार प्रवेश करता है। ये प्रवेश द्वार शुरू में हानिरहित लग सकते हैं: बचपन का कोई खेल, कोई पारिवारिक अनुष्ठान, कोई किताब, कोई फिल्म, कोई अनसुलझा सदमा। लेकिन एक बार खुल जाने पर, ये शैतानी प्रभाव के लिए वैध आधार बन जाते हैं।

सामान्य प्रवेश बिंदु

1. **रक्त-संबंधी अनुबंध** - पैतृक शपथ, अनुष्ठान और मूर्तिपूजा जो बुरी आत्माओं तक पहुंच प्रदान करते हैं।
2. **जादू-टोने के प्रारंभिक संपर्क - बोलीविया की** *लूर्डेस वाल्डिविया* की कहानी के अनुसार , जादू-टोना, अध्यात्मवाद या जादू-टोने के अनुष्ठानों के संपर्क में आने वाले बच्चे अक्सर आध्यात्मिक रूप से कमजोर हो जाते हैं।
3. **मीडिया और संगीत** - ऐसे गीत और फिल्में जो अंधकार, कामुकता या विद्रोह का महिमामंडन करती हैं, वे सूक्ष्म रूप से आध्यात्मिक प्रभाव को आमंत्रित कर सकती हैं।
4. **आघात और दुर्व्यवहार** - यौन दुर्व्यवहार, हिंसक आघात, या अस्वीकृति आत्मा को दमनकारी आत्माओं के लिए खोल सकती है।

5. **यौन पाप और आत्मा संबंध** - अवैध यौन संबंध अक्सर आध्यात्मिक बंधन और आत्माओं का स्थानांतरण पैदा करते हैं।
6. **नया युग और झूठा धर्म** - क्रिस्टल, योग, आत्मा मार्गदर्शक, कुंडली और "सफेद जादू टोना" छिपे हुए निमंत्रण हैं।
7. **कड़वाहट और क्षमा न करना** - ये शैतानी आत्माओं को पीड़ा देने का कानूनी अधिकार देते हैं (देखें मत्ती 18:34)।

वैश्विक गवाही की झलक: *लूर्डेस वाल्डिविया (बोलीविया)*

सिर्फ़ सात साल की उम्र में, लूर्डेस को उसकी माँ, जो लंबे समय से तांत्रिक थी, ने जादू-टोने से परिचित कराया। उसका घर प्रतीकों, कब्रिस्तानों की हड्डियों और जादू की किताबों से भरा था। यीशु को खोजने और आज़ाद होने से पहले, उसने सूक्ष्म प्रक्षेपण, आवाज़ों और यातनाओं का अनुभव किया। उसकी कहानी कई कहानियों में से एक है - यह साबित करती है कि कैसे बचपन का संपर्क और पीढ़ियों का प्रभाव आध्यात्मिक बंधन के द्वार खोल देता है।

अधिकाधिक कारनामे संदर्भ:

लोगों ने किस तरह अनजाने में "हानिरहित" गतिविधियों के माध्यम से दरवाजे खोले - केवल अंधेरे में फंसने के लिए - इसकी कहानियां *ग्रेटर एक्सप्लॉइट्स 14* और *डिलीवर्ड फ्रॉम द पावर ऑफ डार्कनेस* में पाई जा सकती हैं। (परिशिष्ट देखें)

मुख्य अंतर्दृष्टि

दुश्मन शायद ही कभी अंदर घुसता है। वह दरवाज़ा खुलने का इंतज़ार करता है। जो मासूम, विरासत में मिला या मनोरंजक लगता है, वही कभी-कभी दुश्मन के लिए ज़रूरी दरवाज़ा बन सकता है।

प्रतिबिंब पत्रिका

- मेरे जीवन में कौन से क्षण आध्यात्मिक प्रवेश बिंदु के रूप में काम आए?
- क्या ऐसी कोई "हानिरहित" परंपराएं या वस्तुएं हैं जिन्हें मुझे छोड़ देना चाहिए?
- क्या मुझे अपने अतीत या परिवार की किसी भी चीज़ का त्याग करना होगा?

त्याग की प्रार्थना

पिता, मैं हर उस दरवाज़े को बंद करता हूँ जो मैंने या मेरे पूर्वजों ने अंधकार के लिए खोला होगा। मैं सभी समझौतों, आत्मिक बंधनों और किसी भी अपवित्र चीज़ के संपर्क को त्यागता हूँ। मैं यीशु के लहू से हर बंधन तोड़ता हूँ। मैं घोषणा करता हूँ कि मेरा शरीर, प्राण और आत्मा केवल मसीह के हैं। यीशु के नाम में। आमीन।

अध्याय 4: अभिव्यक्तियाँ - आधिपत्य से जुनून तक

"जब अशुद्ध आत्मा किसी मनुष्य में से निकल जाती है, तो सूखी जगहों में विश्राम ढूंढ़ती फिरती है, और नहीं पाती। तब कहती है, 'मैं जिस घर को छोड़ आई हूँ, उसी में लौट जाऊँगी।'" — मत्ती 12:43

एक बार जब कोई व्यक्ति अंधकारमय साम्राज्य के प्रभाव में आ जाता है, तो राक्षसी पहुँच के स्तर के आधार पर उसके प्रकटीकरण अलग-अलग होते हैं। आध्यात्मिक शत्रु केवल दर्शन मात्र से संतुष्ट नहीं होता - उसका अंतिम लक्ष्य निवास और प्रभुत्व है।

अभिव्यक्ति के स्तर

1. **प्रभाव** - शत्रु विचारों, भावनाओं और निर्णयों के माध्यम से प्रभाव प्राप्त करता है।
2. **उत्पीड़न** - इसमें बाहरी दबाव, भारीपन, भ्रम और पीड़ा होती है।
3. **जुनून** - व्यक्ति नकारात्मक विचारों या बाध्यकारी व्यवहार पर अड़ा रहता है।
4. **प्रेत का कब्जा** - दुर्लभ लेकिन वास्तविक मामलों में, राक्षस निवास करते हैं और किसी व्यक्ति की इच्छा, आवाज या शरीर पर हावी हो जाते हैं।

अभिव्यक्ति की डिग्री अक्सर आध्यात्मिक समझौते की गहराई से जुड़ी होती है।

अभिव्यक्ति के वैश्विक केस अध्ययन

- **अफ्रीका:** आत्मा पति/पत्नी, पागलपन, अनुष्ठान दासता के मामले।
- **यूरोप:** नए युग का सम्मोहन, सूक्ष्म प्रक्षेपण और मन विखंडन।
- **एशिया:** पैतृक आत्मा संबंध, पुनर्जन्म जाल, और रक्त प्रतिज्ञा।
- **दक्षिण अमेरिका:** शमनवाद, आत्मा मार्गदर्शक, मानसिक पढ़ने की लत।
- **उत्तरी अमेरिका:** मीडिया में जादू-टोना, "हानिरहित" कुंडली, पदार्थ प्रवेशद्वार।
- **मध्य पूर्व:** जिन्न मुठभेड़, रक्त शपथ, और नकली भविष्यवाणियां।

प्रत्येक महाद्वीप एक ही राक्षसी व्यवस्था का अपना अनूठा भेष प्रस्तुत करता है - और विश्वासियों को यह सीखना होगा कि संकेतों को कैसे पहचाना जाए।

राक्षसी गतिविधि के सामान्य लक्षण

- बार-बार बुरे सपने आना या नींद का पक्षाघात
- आवाज़ें या मानसिक पीड़ा
- बाध्यकारी पाप और बार-बार पाप में गिरना
- अस्पष्टीकृत बीमारियाँ, भय, या क्रोध
- अलौकिक शक्ति या ज्ञान
- आध्यात्मिक चीज़ों से अचानक विमुखता

मुख्य अंतर्दृष्टि

जिन्हें हम "मानसिक", "भावनात्मक" या "चिकित्सीय" समस्याएँ कहते हैं, वे कभी-कभी आध्यात्मिक भी हो सकती हैं। हमेशा नहीं - लेकिन अक्सर इतनी कि समझदारी ज़रूरी हो जाती है।

प्रतिबिंब पत्रिका

- क्या मैंने बार-बार होने वाले संघर्षों को देखा है जो आध्यात्मिक प्रकृति के प्रतीत होते हैं?
- क्या मेरे परिवार में पीढ़ी दर पीढ़ी विनाश की परम्परा है?
- मैं अपने जीवन में किस प्रकार के मीडिया, संगीत या रिश्तों को आने दे रहा हूँ?

त्याग की प्रार्थना

प्रभु यीशु, मैं अपने जीवन में हर छिपे हुए समझौते, खुले द्वार और अधर्मी वाचा का त्याग करता हूँ। मैं जानबूझकर या अनजाने में, आपकी किसी भी चीज़ से नाता तोड़ता हूँ। मैं पवित्र आत्मा की अग्नि को आमंत्रित करता हूँ कि वह मेरे जीवन के अंधकार के हर अंश को भस्म कर दे। मुझे पूरी तरह से मुक्त कर। आपके शक्तिशाली नाम में। आमीन।

अध्याय 5: वचन की शक्ति - विश्वासियों का अधिकार

"देखो, मैं तुम्हें साँपों और बिच्छुओं को रौंदने का, और शत्रु की सारी सामर्थ्य पर अधिकार देता हूँ; और किसी वस्तु से तुम्हें कुछ हानि न होगी।" — लूका 10:19 (KJV)

कई विश्वासी अंधकार के भय में जीते हैं क्योंकि वे उस प्रकाश को नहीं समझते जो उनके पास है। फिर भी पवित्रशास्त्र प्रकट करता है कि **परमेश्वर का वचन केवल एक तलवार नहीं है (इफिसियों 6:17)** — यह आग है (यिर्मयाह 23:29), एक हथौड़ा, एक बीज, और स्वयं जीवन। प्रकाश और अंधकार के बीच युद्ध में, जो लोग वचन को जानते और घोषित करते हैं, वे कभी पीड़ित नहीं होते।

यह शक्ति क्या है?

विश्वासियों के पास जो शक्ति होती है, वह **उन्हें दिया गया अधिकार है** । एक बैजधारी पुलिस अधिकारी की तरह, हम अपनी ताकत से नहीं, बल्कि **यीशु के नाम** और परमेश्वर के वचन के ज़रिए खड़े होते हैं। जब यीशु ने जंगल में शैतान को हराया, तो वह न तो चिल्लाए, न रोए, न ही घबराए—उन्होंने बस इतना कहा: *"यह लिखा है।"*

यह सभी आध्यात्मिक युद्धों का नमूना है।

अनेक ईसाई क्यों पराजित रहते हैं

1. **अज्ञानता** - वे नहीं जानते कि वचन उनकी पहचान के बारे में क्या कहता है।

2. **मौन** - वे परिस्थितियों पर परमेश्वर के वचन की घोषणा नहीं करते।
3. **असंगतता** - वे पाप के चक्र में जीते हैं, जो आत्मविश्वास और पहुंच को नष्ट कर देता है।

विजय का मतलब जोर से चिल्लाना नहीं है; इसका मतलब है **गहराई से विश्वास करना** और **साहसपूर्वक घोषणा करना** ।

कार्य में प्राधिकरण - वैश्विक कहानियाँ

- **नाइजीरिया:** पंथवाद में फंसे एक युवा लड़के को तब मुक्ति मिली जब उसकी माँ ने नियमित रूप से उसके कमरे का अभिषेक किया और हर रात भजन 91 का पाठ किया।
- **संयुक्त राज्य अमेरिका:** एक पूर्व विक्कन ने जादू-टोना छोड़ दिया, क्योंकि एक सहकर्मी ने महीनों तक प्रतिदिन उसके कार्यस्थल पर चुपचाप धर्मग्रंथों की घोषणा की।
- **भारत:** एक विश्वासी ने लगातार काले जादू के हमलों का सामना करते हुए यशायाह 54:17 की घोषणा की - हमले बंद हो गए, और हमलावर ने अपना अपराध स्वीकार कर लिया।
- **ब्राज़ील:** एक महिला ने अपने आत्मघाती विचारों पर काबू पाने के लिए रोमियों 8 की दैनिक घोषणाओं का उपयोग किया और अलौकिक शांति में चलना शुरु कर दिया।

वचन जीवित है। उसे हमारी पूर्णता की नहीं, बल्कि हमारे विश्वास और स्वीकारोक्ति की आवश्यकता है।

युद्ध में वचन का प्रयोग कैसे करें

1. पहचान, विजय और सुरक्षा से संबंधित **शास्त्रों को याद करें ।**

2. **वचन को ऊँची आवाज़ में बोलें**, विशेष रूप से आत्मिक आक्रमणों के दौरान।
3. **प्रार्थना में इसका प्रयोग करें**, परिस्थितियों पर परमेश्वर के वादों की घोषणा करें।
4. **उपवास + प्रार्थना करें**, वचन को अपना सहारा बनायें (मत्ती 17:21)।

युद्ध के लिए आधारभूत शास्त्र

- *2 कुरिन्थियों 10:3–5* – गढ़ों को गिराना
- *यशायाह 54:17* – कोई भी हथियार सफल नहीं होगा
- *लूका 10:19* – शत्रु पर अधिकार
- *भजन 91* – ईश्वरीय सुरक्षा
- *प्रकाशितवाक्य 12:11* – लहू और गवाही के द्वारा जयवन्त

मुख्य अंतर्दृष्टि

आपके मुँह में परमेश्वर का वचन उतना ही शक्तिशाली है जितना कि परमेश्वर के मुँह में वचन - जब विश्वास से बोला जाता है।

प्रतिबिंब पत्रिका

- क्या मैं एक विश्वासी के रूप में अपने आध्यात्मिक अधिकारों को जानता हूँ?
- आज मैं किन शास्त्रवचनों पर सक्रिय रूप से खड़ा हूँ?
- क्या मैंने भय या अज्ञानता को अपने अधिकार को चुप कराने की अनुमति दी है?

सशक्तिकरण की प्रार्थना

पिता, मसीह में मेरे अधिकार के प्रति मेरी आँखें खोल दीजिए। मुझे आपके वचन का प्रयोग साहस और विश्वास के साथ करना सिखाइए। जहाँ मैंने भय या अज्ञानता को हावी होने दिया है, वहाँ रहस्योद्घाटन आने दीजिए। मैं आज परमेश्वर की संतान के रूप में, आत्मा की तलवार से सुसज्जित, खड़ा हूँ। मैं वचन बोलूँगा। मैं विजय में खड़ा रहूँगा। मैं शत्रु से नहीं डरूँगा—क्योंकि जो मुझमें है, वह महान है। यीशु के नाम में। आमीन।

दिन 1: रक्तरेखाएँ और द्वार - पारिवारिक बंधन तोड़ना

"हमारे पूर्वजों ने पाप किया और अब इस संसार में नहीं रहे, और हम उनका दण्ड भोग रहे हैं।" —विलापगीत 5:7

आप भले ही बच जाएं, लेकिन आपके वंश का अभी भी एक इतिहास है - और जब तक पुरानी वाचाएं टूट नहीं जातीं, वे बोलते रहते हैं।

हर महाद्वीप में, छिपी हुई वेदियाँ, पैतृक समझौते, गुप्त प्रतिज्ञाएँ और विरासत में मिली कुरीतियाँ मौजूद हैं जो तब तक सक्रिय रहती हैं जब तक कि उनका स्पष्ट रूप से समाधान न किया जाए। परदादा-परदादी से शुरू हुई यह परंपरा आज भी बच्चों के भाग्य पर हावी हो सकती है।

वैश्विक अभिव्यक्तियाँ

- **अफ्रीका** - पारिवारिक देवता, भविष्यवाणियाँ, पीढ़ीगत जादू-टोना, रक्त बलिदान।
- **एशिया** - पूर्वजों की पूजा, पुनर्जन्म बंधन, कर्म श्रृंखला।
- **लैटिन अमेरिका** - सैनटेरिया, मृत्यु वेदियां, शामनवादी रक्त शपथ।
- **यूरोप** - फ्रीमेसनरी, बुतपरस्त जड़ें, रक्त संबंधी समझौते।
- **उत्तरी अमेरिका** - नए युग की विरासत, मेसोनिक वंश, गुप्त वस्तुएँ।

यह श्राप तब तक जारी रहता है जब तक कोई यह कहने के लिए खड़ा नहीं हो जाता कि, "अब और नहीं!"

एक गहरी गवाही - जड़ों से उपचार

पश्चिम अफ्रीका की एक महिला को *"ग्रेटर एक्सप्लॉइट्स 14"* पढ़ने *के बाद* एहसास हुआ कि उसके लगातार गर्भपात और अकारण पीड़ा का संबंध उसके दादा के तीर्थस्थल के पुजारी पद से था। उसने वर्षों पहले ईसा मसीह को स्वीकार कर लिया था, लेकिन पारिवारिक अनुबंधों से कभी नहीं जूझी।

तीन दिनों की प्रार्थना और उपवास के बाद, गलातियों 3:13 के अनुसार, उसे कुछ विरासती संपत्तियाँ नष्ट करने और वाचाओं को त्यागने के लिए प्रेरित किया गया। उसी महीने, वह गर्भवती हुई और पूर्ण अवधि तक एक बच्चे को जन्म दिया। आज, वह दूसरों को चंगाई और मुक्ति के कार्य में मार्गदर्शन करती है।

"डिलीवर्ड फ्रॉम द पावर ऑफ डार्कनेस" पुस्तक में है , ने अपने परदादा से गुप्त रूप से प्राप्त फ्रीमेसनरी श्राप को त्यागकर मुक्ति पाई। जब उसने यशायाह 49:24-26 जैसे शास्त्रों को लागू करना और मुक्ति की प्रार्थनाओं में शामिल होना शुरू किया, तो उसकी मानसिक पीड़ा समाप्त हो गई और उसके घर में शांति लौट आई।

ये कहानियाँ संयोग नहीं हैं - ये क्रियाशील सत्य की गवाही हैं।

कार्य योजना – पारिवारिक सूची

1. सभी ज्ञात पारिवारिक विश्वासों, प्रथाओं और संबद्धताओं को लिखें - धार्मिक, रहस्यमय या गुप्त समाज।
2. परमेश्वर से गुप्त वेदियों और संधियों के प्रकटीकरण के लिए प्रार्थना करें।

3. मूर्तिपूजा या गुप्त प्रथाओं से जुड़ी किसी भी वस्तु को प्रार्थनापूर्वक नष्ट कर दें और त्याग दें।
4. तेजी से आगे बढ़ें और कानूनी आधार को तोड़ने के लिए नीचे दिए गए शास्त्रों का उपयोग करें:
    - *लैव्यव्यवस्था 26:40–42*
    - *यशायाह 49:24–26*
    - *गलातियों 3:13*

समूह चर्चा और आवेदन

- कौन सी सामान्य पारिवारिक प्रथाएँ अक्सर हानिरहित समझकर नज़रअंदाज़ कर दी जाती हैं, लेकिन आध्यात्मिक रूप से ख़तरनाक हो सकती हैं?
- सदस्यों को (यदि आवश्यक हो तो) अपने वंश में आने वाले किसी भी सपने, वस्तु या आवर्ती चक्र को गुमनाम रूप से साझा करने को कहें।
- त्याग की सामूहिक प्रार्थना - प्रत्येक व्यक्ति उस परिवार या मुद्दे का नाम बोल सकता है जिसका त्याग किया जा रहा है।

सेवकाई के साधन: अभिषेक का तेल लाएँ। प्रभु-भोज अर्पित करें। समूह को प्रतिस्थापन की वाचा प्रार्थना में नेतृत्व करें - प्रत्येक परिवार की वंशावली को मसीह को समर्पित करें।

मुख्य अंतर्दृष्टि

नया जन्म आपकी आत्मा को बचाता है। पारिवारिक अनुबंधों को तोड़ना आपके भाग्य को सुरक्षित रखता है।

प्रतिबिंब पत्रिका

- मेरे परिवार में क्या चलता है? मुझे क्या बंद करना होगा?
- क्या मेरे घर में ऐसी कोई वस्तु, नाम या परंपरा है जिसे हटा देना चाहिए?
- मेरे पूर्वजों ने कौन से दरवाजे खोले थे जिन्हें अब मुझे बंद करना है?

मुक्ति की प्रार्थना

प्रभु यीशु, मैं आपके उस लहू के लिए धन्यवाद देता हूँ जो उत्तम बातें कहता है। आज मैं हर गुप्त वेदी, पारिवारिक वाचा और विरासत में मिले बंधनों का त्याग करता हूँ। मैं अपने वंश की बेड़ियाँ तोड़ता हूँ और घोषणा करता हूँ कि मैं एक नई सृष्टि हूँ। मेरा जीवन, परिवार और भाग्य अब केवल आपका है। यीशु के नाम में। आमीन।

दिन 2: स्वप्न आक्रमण - जब रात युद्धक्षेत्र बन जाती है

"जब लोग सो रहे थे, तो उसका बैरी आया और गेहूँ के बीच जंगली पौधे बोकर चला गया।" —मत्ती 13:25

कई लोगों के लिए, सबसे बड़ा आध्यात्मिक युद्ध जागते समय नहीं होता - यह तब होता है जब वे सो रहे होते हैं।

सपने सिर्फ़ दिमाग़ की बेतरतीब गतिविधि नहीं हैं। ये आध्यात्मिक द्वार हैं जिनके ज़रिए चेतावनियाँ, हमले, वादे और नियति का आदान-प्रदान होता है। दुश्मन नींद का इस्तेमाल भय, वासना, भ्रम और देरी फैलाने के लिए एक खामोश युद्धभूमि की तरह करता है—और ये सब बिना किसी प्रतिरोध के होता है क्योंकि ज़्यादातर लोग इस युद्ध से अनजान होते हैं।

वैश्विक अभिव्यक्तियाँ

- **अफ्रीका** - आध्यात्मिक जीवनसाथी, साँप, सपनों में खाना, छद्मवेश।
- **एशिया** - पैतृक मुठभेड़, मृत्यु के सपने, कर्म पीड़ा।
- **लैटिन अमेरिका** - पाशविक राक्षस, छाया, निद्रा पक्षाघात।
- **उत्तरी अमेरिका** - सूक्ष्म प्रक्षेपण, विदेशी सपने, आघात पुनरावृत्ति।
- **यूरोप** - गॉथिक अभिव्यक्तियाँ, यौन राक्षस (इन्क्यूबस/सक्कुबस), आत्मा विखंडन।

यदि शैतान आपके सपनों को नियंत्रित कर सकता है, तो वह आपके भाग्य को भी प्रभावित कर सकता है।

गवाही - रात्रि आतंक से शांति तक

यूनाइटेड किंगडम की एक युवती ने *"एक्स-सैटनिस्ट: द जेम्स एक्सचेंज" पढ़ने के बाद ईमेल किया*। उसने बताया कि कैसे सालों से उसे पीछा किए जाने, कुत्तों द्वारा काटे जाने, या अजनबियों के साथ सोने के सपने आते रहे थे—और असल ज़िंदगी में भी हमेशा असफलताएँ ही मिलती थीं। उसके रिश्ते टूट गए, नौकरी के मौके हाथ से निकल गए, और वह लगातार थकी हुई रहती थी।

उपवास और अय्यूब 33:14-18 जैसे शास्त्रों का अध्ययन करने से, उसने पाया कि परमेश्वर अक्सर सपनों के माध्यम से बोलता है—लेकिन शत्रु भी ऐसा ही करता है। उसने अपने सिर पर तेल लगाना शुरू कर दिया, जागते ही बुरे सपनों को ज़ोर से नकार दिया, और सपनों की डायरी लिखने लगी। धीरे-धीरे, उसके सपने स्पष्ट और शांतिपूर्ण होते गए। आज, वह स्वप्नदोष से पीड़ित युवतियों के लिए एक सहायता समूह का नेतृत्व करती है।

एक नाइजीरियाई व्यापारी को यूट्यूब पर एक गवाही सुनने के बाद एहसास हुआ कि हर रात खाना परोसे जाने का उसका सपना जादू-टोने से जुड़ा था। हर बार जब वह सपने में खाना स्वीकार करता, तो उसके व्यापार में गड़बड़ हो जाती। उसने सपने में ही खाना ठुकराना सीख लिया, सोने से पहले अलग-अलग भाषाओं में प्रार्थना करना सीख लिया, और अब उसे ईश्वरीय रणनीतियाँ और चेतावनियाँ दिखाई देती हैं।

कार्य योजना - अपनी रात्रिकालीन निगरानी को सुदृढ़ करें

1. **सोने से पहले:** पवित्र शास्त्र ज़ोर से पढ़ें। पूजा करें। अपने सिर पर तेल लगाएँ।
2. **स्वप्न पत्रिका:** जागने पर हर सपने को लिख लें - चाहे वह अच्छा हो या बुरा। पवित्र आत्मा से व्याख्या के लिए प्रार्थना करें।
3. **अस्वीकार करें और त्याग दें:** यदि स्वप्न में यौन गतिविधि, मृत रिश्तेदार, भोजन या बंधन शामिल है - तो प्रार्थना में तुरंत इसका त्याग करें।
4. **शास्त्र युद्ध:**
    - *भजन संहिता 4:8* — चैन की नींद
    - *अय्यूब 33:14–18* — परमेश्वर स्वप्नों के माध्यम से बोलता है
    - *मत्ती 13:25* — शत्रु जंगली पौधे बो रहा है
    - *यशायाह 54:17* — कोई भी हथियार तुम्हारे विरुद्ध नहीं बनाया जाएगा

समूह आवेदन

- हाल के सपनों को गुमनाम रूप से साझा करें। समूह को पैटर्न और अर्थ समझने दें।
- सदस्यों को सिखाएं कि बुरे सपनों को मौखिक रूप से कैसे नकारें और अच्छे सपनों को प्रार्थना में कैसे सील करें।
- समूह घोषणा: "हम यीशु के नाम पर, अपने सपनों में शैतानी लेन-देन का निषेध करते हैं!"

मंत्रालय उपकरण:

- सपनों को लिखने के लिए कागज और कलम साथ लाएँ।
- अपने घर और बिस्तर का अभिषेक कैसे करें, इसका प्रदर्शन करें।
- रात्रि के लिए अनुबंध मुहर के रूप में प्रभुभोज की पेशकश करें।

मुख्य अंतर्दृष्टि

सपने या तो दिव्य मुलाकातों के द्वार होते हैं या फिर राक्षसी जाल में फँसने के। विवेक ही कुंजी है।

प्रतिबिंब पत्रिका

- मुझे लगातार किस प्रकार के सपने आते हैं?
- क्या मैं अपने सपनों पर विचार करने के लिए समय निकालता हूँ?
- क्या मेरे सपने मुझे किसी ऐसी चीज़ के बारे में चेतावनी दे रहे हैं जिसे मैंने अनदेखा कर दिया है?

रात्रि प्रहरी की प्रार्थना

पिता, मैं अपने सपने आपको समर्पित करता/ करती हूँ। मेरी नींद में किसी भी दुष्ट शक्ति का प्रवेश न होने दें। मैं अपने सपनों में आने वाली हर शैतानी वाचा, यौन-संबंधी अशुद्धता या छल-कपट को अस्वीकार करता/ करती हूँ। सोते समय मुझे दिव्य दर्शन, स्वर्गीय निर्देश और स्वर्गदूतों की सुरक्षा प्राप्त हो। मेरी रातें शांति, प्रकटीकरण और शक्ति से भरी रहें। यीशु के नाम में, आमीन।

दिन 3: आध्यात्मिक जीवनसाथी - अपवित्र संबंध जो नियति को बांधते हैं

"क्योंकि तेरा रचयिता तेरा पति है, उसका नाम सर्वशक्तिमान यहोवा है..." - यशायाह 54:5
"उन्होंने अपने बेटे-बेटियों को शैतानों के लिए बलिदान कर दिया।" - भजन संहिता 106:37

जबकि कई लोग वैवाहिक जीवन में सफलता के लिए चिल्लाते हैं, उन्हें यह एहसास नहीं होता कि वे पहले से ही एक **आध्यात्मिक विवाह में हैं** - जिसके लिए उन्होंने कभी सहमति नहीं दी थी।

ये **अनुबंध स्वप्न, छेड़छाड़, रक्त-संस्कार, अश्लील साहित्य, पैतृक शपथ या राक्षसी स्थानांतरण के माध्यम से बनते हैं** । आत्मा जीवनसाथी - इनक्यूबस (पुरुष) या सक्कुबस (महिला) - व्यक्ति के शरीर, अंतरंगता और भविष्य पर कानूनी अधिकार जमा लेता है, अक्सर रिश्तों में रुकावट डालता है, घरों को नष्ट करता है, गर्भपात का कारण बनता है और व्यसनों को बढ़ावा देता है।

वैश्विक अभिव्यक्तियाँ

- **अफ्रीका** - समुद्री आत्माएं (मामी वाटा), जल राज्यों से आत्मा पत्नियां/पति।
- **एशिया** - दिव्य विवाह, कर्मजन्य आत्मीय अभिशाप, पुनर्जन्म वाले जीवनसाथी।
- **यूरोप** - जादू-टोना संघ, फ्रीमेसनरी या ड्रयूड मूल से राक्षसी प्रेमी।

- **लैटिन अमेरिका** - सैनटेरिया विवाह, प्रेम मंत्र, संधि-आधारित "आत्मा विवाह"।
- **उत्तरी अमेरिका** - पोर्न से प्रेरित आध्यात्मिक पोर्टल, नए युग की सेक्स आत्माएं, इनक्यूबस मुठभेड़ों की अभिव्यक्ति के रूप में विदेशी अपहरण।

वास्तविक कहानियाँ - वैवाहिक स्वतंत्रता की लड़ाई

तोलू, नाइजीरिया

तोलू 32 साल की थी और अविवाहित थी। हर बार जब उसकी सगाई होती, तो वह आदमी अचानक गायब हो जाता। वह हमेशा भव्य समारोहों में शादी करने के सपने देखा करती थी। *ग्रेटर एक्सप्लॉइट्स 14 में*, उसने महसूस किया कि उसका मामला वहाँ साझा की गई गवाही से मेल खाता है। उसने तीन दिन का उपवास और आधी रात को युद्ध की प्रार्थना की, जिससे उसने आत्मिक बंधन तोड़ दिए और उस समुद्री आत्मा को बाहर निकाल दिया जिसने उस पर कब्ज़ा कर लिया था। आज, वह शादीशुदा है और दूसरों को सलाह दे रही है।

लीना, फ़िलीपींस

लीना को अक्सर रात में किसी "उपस्थिति" का एहसास होता था। उसे लगता था कि वह कुछ कल्पना कर रही है, जब तक कि उसके पैरों और जांघों पर बिना किसी कारण के चोट के निशान दिखाई देने लगे। उसके पादरी को एक आध्यात्मिक जीवनसाथी का पता चला। उसने पहले गर्भपात और पोर्नोग्राफी की लत की बात कबूल की, और फिर उसे मुक्ति मिली। अब वह अपने समुदाय में युवतियों को इसी तरह के पैटर्न पहचानने में मदद करती है।

कार्य योजना – वाचा तोड़ना

1. **स्वीकारोक्ति** और पश्चाताप करें।
2. **अस्वीकार करें** - नाम से, यदि प्रकट हो।
3. यशायाह 54 और भजन 18 को मुख्य धर्मग्रंथ मानकर 3 दिन (या जैसा कहा जाए) **उपवास करें**।
4. **नष्ट कर दें** : अंगूठियां, कपड़े, या पूर्व प्रेमियों या गुप्त संबंधों से जुड़े उपहार।
5. **ज़ोर से घोषणा करें** :

मैं किसी भी आत्मा से विवाहित नहीं हूँ। मैं यीशु मसीह के साथ वाचाबद्ध हूँ। मैं अपने शरीर, आत्मा और मन में हर शैतानी संबंध को अस्वीकार करता हूँ।

पवित्रशास्त्र उपकरण

- यशायाह 54:4–8 – परमेश्वर आपके सच्चे पति के रूप में
- भजन संहिता 18 – मृत्यु की रस्सियाँ तोड़ना
- 1 कुरिन्थियों 6:15–20 – तुम्हारा शरीर प्रभु का है
- होशे 2:6–8 – अधर्मी वाचाओं को तोड़ना

समूह आवेदन

- समूह के सदस्यों से पूछें: क्या आपको कभी शादी, अजनबियों के साथ सेक्स या रात में छायादार आकृतियों के सपने आए हैं?
- आध्यात्मिक जीवनसाथियों के सामूहिक त्याग का नेतृत्व करें।

- "स्वर्ग में तलाक अदालत" की भूमिका निभाएं - प्रत्येक प्रतिभागी प्रार्थना में भगवान के सामने आध्यात्मिक तलाक दायर करता है।
- सिर, पेट और पैरों पर अभिषेक तेल का प्रयोग सफाई, प्रजनन और गति के प्रतीक के रूप में करें।

मुख्य अंतर्दृष्टि

शैतानी विवाह वास्तविक हैं। लेकिन ऐसा कोई आध्यात्मिक मिलन नहीं है जिसे यीशु के लहू से तोड़ा न जा सके।

प्रतिबिंब पत्रिका

- क्या मुझे बार-बार शादी या सेक्स के सपने आते हैं?
- क्या मेरे जीवन में अस्वीकृति, विलंब या असफलता के पैटर्न हैं?
- क्या मैं अपना शरीर, कामुकता और भविष्य पूरी तरह से परमेश्वर को समर्पित करने के लिए तैयार हूँ?

मुक्ति की प्रार्थना

स्वर्गीय पिता, मैं हर ज्ञात या अज्ञात यौन पाप का पश्चाताप करती हूँ। मैं हर आध्यात्मिक जीवनसाथी, समुद्री आत्मा, या गुप्त विवाह को अस्वीकार और त्यागती हूँ जो मेरे जीवन का दावा कर रहा है। यीशु के लहू की शक्ति से, मैं हर वाचा, स्वप्न बीज और आत्मिक बंधन को तोड़ती हूँ। मैं घोषणा करती हूँ कि मैं मसीह की दुल्हन हूँ, जो उसकी महिमा के लिए अलग की गई है। मैं यीशु के नाम में, स्वतंत्र होकर चलती हूँ। आमीन।

दिन 4: शापित वस्तुएँ - अपवित्र करने वाले दरवाजे

"और न कोई घृणित वस्तु अपने घर में ले आना, कहीं ऐसा न हो कि तू भी उसके समान शापित हो जाए!" —व्यवस्थाविवरण 7:26

एक छिपी हुई प्रविष्टि जिसे कई लोग अनदेखा करते हैं

हर चीज़ सिर्फ़ एक चीज़ नहीं होती। कुछ चीज़ें इतिहास समेटे होती हैं। कुछ में आत्माएँ होती हैं। शापित वस्तुएँ सिर्फ़ मूर्तियाँ या कलाकृतियाँ ही नहीं होतीं—ये किताबें, गहने, मूर्तियाँ, प्रतीक, उपहार, कपड़े, या यहाँ तक कि विरासत में मिली चीज़ें भी हो सकती हैं जो कभी अँधेरी ताकतों को समर्पित थीं। आपकी शेल्फ, आपकी कलाई, आपकी दीवार पर जो कुछ भी है—वह आपके जीवन में पीड़ा का प्रवेश द्वार हो सकता है।

वैश्विक अवलोकन

- **अफ्रीका** : जादू-टोने या पूर्वजों की पूजा से जुड़े ताबीज, ताबीज और कंगन।
- **एशिया** : ताबीज, राशि चक्र मूर्तियाँ, और मंदिर स्मृति चिन्ह।
- **लैटिन अमेरिका** : आत्मा के शिलालेखों के साथ सैंटेरिया हार, गुड़िया, मोमबत्तियाँ।
- **उत्तरी अमेरिका** : टैरो कार्ड, ओइजा बोर्ड, ड्रीम कैचर, डरावनी यादगार वस्तुएं।
- **यूरोप** : बुतपरस्त अवशेष, गुप्त पुस्तकें, चुड़ैल-थीम वाले सामान।

यूरोप में एक दंपत्ति को बाली से छुट्टियाँ मनाकर लौटने के बाद अचानक बीमारी और आध्यात्मिक कष्ट का अनुभव हुआ। उन्हें इस बात का अंदाज़ा भी नहीं था कि उन्होंने एक नक्काशीदार मूर्ति खरीदी थी जो एक स्थानीय समुद्री देवता को समर्पित थी। प्रार्थना और विवेक के बाद, उन्होंने उस मूर्ति को निकालकर जला दिया। तुरंत ही शांति लौट आई।

ग्रेटर एक्सप्लॉइट्स की एक अन्य महिला ने अस्पष्टीकृत बुरे सपनों की सूचना दी, जब तक कि यह पता नहीं चला कि उसकी चाची द्वारा उपहार में दिया गया हार वास्तव में एक मंदिर में स्थापित आध्यात्मिक निगरानी उपकरण था।

आप अपने घर को सिर्फ शारीरिक रूप से ही साफ नहीं करते - आपको इसे आध्यात्मिक रूप से भी साफ करना चाहिए।

गवाही: "वह गुड़िया जो मुझे देखती थी"

लूर्डेस वाल्डिविया, जिनकी कहानी हमने पहले दक्षिण अमेरिका से सुनी थी, को एक पारिवारिक उत्सव के दौरान एक चीनी मिट्टी की गुड़िया मिली थी। उनकी माँ ने इसे एक गुप्त अनुष्ठान में प्रतिष्ठित किया था। जिस रात से यह गुड़िया उनके कमरे में लाई गई, लूर्डेस को रात में आवाज़ें सुनाई देने लगीं, नींद में लकवा होने लगा और उन्हें आकृतियाँ दिखाई देने लगीं।

जब एक ईसाई दोस्त ने उसके साथ प्रार्थना की और पवित्र आत्मा ने गुड़िया की उत्पत्ति बताई, तब जाकर उसे उससे छुटकारा मिला। तुरंत ही, शैतानी उपस्थिति दूर हो गई। यहीं से उसकी जागृति शुरू हुई— उत्पीड़न से मुक्ति की ओर।

कार्य योजना – घर और हृदय लेखा परीक्षा

1. **हर कमरे में** अभिषेक का तेल और वचन लेकर चलें।
2. **पवित्र आत्मा से प्रार्थना करें** कि वह उन वस्तुओं या उपहारों को उजागर करे जो परमेश्वर की ओर से नहीं हैं।
3. **जला दें या फेंक दें** जो तंत्र-मंत्र, मूर्तिपूजा या अनैतिकता से जुड़ी हों।
4. **सभी दरवाजे** इस प्रकार के शास्त्रों से बंद कर दें:
   - *व्यवस्थाविवरण* 7:26
   - *प्रेरितों के काम* 19:19
   - *2 कुरिन्थियों* 6:16–18

समूह चर्चा और सक्रियण

- ऐसी कोई भी वस्तु या उपहार साझा करें जो आपके पास पहले था और जिसका आपके जीवन पर असामान्य प्रभाव पड़ा हो।
- एक साथ मिलकर "घर की सफाई की चेकलिस्ट" बनाएं।
- एक दूसरे के घर के वातावरण में प्रार्थना करने के लिए भागीदारों को नियुक्त करें (अनुमति से)।
- एक स्थानीय उद्धार मंत्री को घर की शुद्धि के लिए भविष्यसूचक प्रार्थना का नेतृत्व करने के लिए आमंत्रित करें।

सेवकाई के लिए उपकरण: अभिषेक तेल, आराधना संगीत, कचरा बैग (वास्तविक रूप से त्यागने के लिए), और नष्ट की जाने वाली वस्तुओं के लिए अग्नि-सुरक्षित कंटेनर।

मुख्य अंतर्दृष्टि

आप अपने स्थान में जो अनुमति देते हैं, वह आपके जीवन में आत्माओं को अधिकृत कर सकता है।

प्रतिबिंब पत्रिका

- मेरे घर या अलमारी में कौन सी वस्तुएं हैं जिनकी आध्यात्मिक उत्पत्ति अस्पष्ट है?
- क्या मैंने किसी चीज़ को भावनात्मक मूल्य के कारण पकड़ रखा है जिसे अब मुझे छोड़ना है?
- क्या मैं पवित्र आत्मा के लिए अपना स्थान पवित्र करने के लिए तैयार हूँ?

शुद्धिकरण की प्रार्थना

प्रभु यीशु, मैं आपकी पवित्र आत्मा से प्रार्थना करता हूँ कि वह मेरे घर में मौजूद हर उस चीज़ को उजागर करे जो आपकी नहीं है। मैं हर उस शापित वस्तु, उपहार या वस्तु का त्याग करता हूँ जो अंधकार से जुड़ी थी। मैं अपने घर को पवित्र भूमि घोषित करता हूँ। आपकी शांति और पवित्रता यहाँ निवास करें। यीशु के नाम में। आमीन।

दिन 5: मंत्रमुग्ध और धोखा खाया हुआ - भविष्यवाणी की आत्मा से मुक्त होना

"ये मनुष्य परमप्रधान परमेश्वर के दास हैं, जो हमें उद्धार के मार्ग की कथा सुनाते हैं।"— *प्रेरितों के काम 16:17 (NKJV)*
"परन्तु पौलुस ने बहुत ही क्रोधित होकर मुंह फेरकर उस आत्मा से कहा, 'मैं तुझे यीशु मसीह के नाम से आज्ञा देता हूं, कि उसमें से निकल जा।' और वह उसी घड़ी निकल गई।"— *प्रेरितों के काम 16:18*

भविष्यवाणी और शकुन-कथन के बीच एक पतली रेखा है - और आज बहुत से लोग अनजाने में ही इसे पार कर रहे हैं।

यूट्यूब पर "व्यक्तिगत शब्दों" के लिए पैसे वसूलने वाले भविष्यवक्ताओं से लेकर, सोशल मीडिया पर शास्त्रों का हवाला देने वाले टैरो रीडर्स तक, दुनिया आध्यात्मिक शोर का बाज़ार बन गई है। और दुख की बात है कि कई विश्वासी अनजाने में प्रदूषित जलधाराओं से पानी पी रहे हैं।

भविष्यवाणी की भावना पवित्र आत्मा की नकल करती है। यह चापलूसी करती है, बहकाती है, भावनाओं से छेड़छाड़ करती है, और अपने शिकार को नियंत्रण के जाल में फँसा लेती है। इसका लक्ष्य? **आध्यात्मिक रूप से उलझाना, धोखा देना और गुलाम बनाना है।**

भविष्यवाणी की वैश्विक अभिव्यक्तियाँ

- **अफ्रीका** - भविष्यवाणियाँ, इफ़ा पुजारी, जल आत्मा माध्यम, भविष्यवाणी धोखाधड़ी।

- **एशिया** - हस्तरेखाविद्, ज्योतिषी, पूर्वज द्रष्टा, पुनर्जन्म "भविष्यवक्ता"।
- **लैटिन अमेरिका** - सैनटेरिया भविष्यवक्ता, जादू-टोना करने वाले, अंधेरे शक्तियों वाले संत।
- **यूरोप** - टैरो कार्ड, दिव्यदृष्टि, मध्यम वृत्त, न्यू एज चैनलिंग।
- **उत्तरी अमेरिका** - "ईसाई" मनोविज्ञान, चर्चों में अंकशास्त्र, देवदूत कार्ड, पवित्र आत्मा के रूप में प्रच्छन्न आत्मा मार्गदर्शक।

खतरनाक सिर्फ वे जो कहते हैं वह नहीं है, बल्कि उसके पीछे की **भावना भी है।**

गवाही: दिव्यदर्शी से मसीह तक

एक अमेरिकी महिला ने YouTube पर गवाही दी कि कैसे वह एक "ईसाई भविष्यवक्ता" से यह समझने लगी कि वह भविष्यवाणियों की आत्मा के अधीन काम कर रही है। वह स्पष्ट रूप से दर्शन देखने लगी, विस्तृत भविष्यवाणियाँ करने लगी और ऑनलाइन बड़ी संख्या में लोगों को आकर्षित करने लगी। लेकिन वह अवसाद, बुरे सपनों से भी जूझ रही थी, और हर सत्र के बाद उसे फुसफुसाती हुई आवाज़ें सुनाई देती थीं।

प्रेरितों के काम 16 पर एक उपदेश सुनते हुए , उसका सारा बोझ उतर गया। उसे एहसास हुआ कि उसने कभी पवित्र आत्मा के अधीन नहीं किया था, बल्कि केवल अपने वरदान के अधीन किया था। गहरे पश्चाताप और मुक्ति के बाद, उसने अपने स्वर्गदूतों के कार्ड और अनुष्ठानों से भरी उपवास पत्रिका नष्ट कर दी। आज, वह "शब्दों" का नहीं, बल्कि यीशु का प्रचार करती है।

कार्य योजना - आत्माओं का परीक्षण

1. पूछें: क्या यह वचन/उपहार मुझे **मसीह की ओर** , या इसे देने वाले **व्यक्ति की ओर आकर्षित करता है** ?
2. *1 यूहन्ना 4:1-3* से हर आत्मा को परखो ।
3. किसी भी प्रकार की मानसिक, गुप्त या नकली भविष्यवाणी संबंधी प्रथाओं में शामिल होने के लिए पश्चाताप करें।
4. झूठे भविष्यवक्ताओं, भविष्यवक्ताओं या जादू-टोना प्रशिक्षकों (यहाँ तक कि ऑनलाइन भी) के साथ सभी आत्मिक संबंध तोड़ दें।
5. साहस के साथ घोषणा करें:

"मैं हर झूठ बोलने वाली आत्मा को अस्वीकार करता हूँ। मैं केवल यीशु का हूँ। मेरे कान उसकी आवाज़ सुनने के लिए तैयार हैं!"

समूह आवेदन

- चर्चा करें: क्या आपने कभी किसी ऐसे पैगम्बर या आध्यात्मिक मार्गदर्शक का अनुसरण किया है जो बाद में झूठा निकला?
- समूह अभ्यास: सदस्यों को ज्योतिष, आत्मा अध्ययन, मानसिक खेल, या आध्यात्मिक प्रभाव डालने वाली ऐसी विशिष्ट प्रथाओं का त्याग करने के लिए प्रेरित करें जो मसीह में निहित न हों।
- पवित्र आत्मा को आमंत्रित करें: 10 मिनट मौन रहकर सुनें। फिर बताएँ कि परमेश्वर क्या प्रकट करता है—यदि कुछ है तो।

- पुस्तकों, ऐप्स, वीडियो या नोट्स सहित भविष्यवाणी से संबंधित डिजिटल/भौतिक वस्तुओं को जला दें या हटा दें।

सेवकाई उपकरण:

मुक्ति तेल, क्रूस (समर्पण का प्रतीक), प्रतीकात्मक वस्तुओं को त्यागने के लिए डिब्बा/बाल्टी, पवित्र आत्मा पर केन्द्रित आराधना संगीत।

मुख्य अंतर्दृष्टि

सभी अलौकिक चीज़ें परमेश्वर की ओर से नहीं होतीं। सच्ची भविष्यवाणी मसीह के साथ घनिष्ठता से निकलती है, न कि किसी छल-कपट या दिखावे से।

प्रतिबिंब पत्रिका

- क्या मैं कभी भी मानसिक या चालाकीपूर्ण आध्यात्मिक प्रथाओं की ओर आकर्षित हुआ हूँ?
- क्या मैं परमेश्वर के वचन से अधिक "शब्दों" का आदी हूँ?
- मैंने किन आवाजों को अपनी पहुंच दी है जिन्हें अब चुप कराने की जरूरत है?

मुक्ति की प्रार्थना

पिता, मैं हर तरह की भविष्यवाणी, छल-कपट और झूठी भविष्यवाणी की आत्मा से सहमत हूँ। मैं आपकी वाणी के बिना मार्गदर्शन पाने के लिए पश्चाताप करता हूँ। मेरे मन, मेरी आत्मा और मेरी आत्मा को शुद्ध करें। मुझे केवल आपकी आत्मा के द्वारा चलना सिखाएँ। मैं हर उस द्वार को बंद करता हूँ जो मैंने जाने-अनजाने में जादू-टोने के लिए खोला था। मैं घोषणा करता हूँ कि यीशु मेरे चरवाहे हैं, और मैं केवल उनकी वाणी सुनता हूँ। यीशु के शक्तिशाली नाम में, आमीन।

दिन 6: आँख के द्वार - अंधकार के द्वार बंद करना

"आँखें शरीर का दीया हैं। अगर तुम्हारी आँखें अच्छी हैं, तो तुम्हारा पूरा शरीर भी उजियाला होगा।"
— *मत्ती 6:22 (NIV)*
"मैं अपनी आँखों के सामने कोई बुरी बात नहीं रखूँगा…" — *भजन संहिता 101:3 (KJV)*

आध्यात्मिक जगत में, **आपकी आँखें द्वार हैं।** आपकी आँखों से जो कुछ भी प्रवेश करता है, वह आपकी आत्मा को प्रभावित करता है—शुद्धि के लिए या अपवित्रता के लिए। शत्रु यह जानता है। इसीलिए मीडिया, चित्र, अश्लील साहित्य, डरावनी फ़िल्में, गूढ़ प्रतीक, फ़ैशन के रुझान और मोहक सामग्री युद्ध के मैदान बन गए हैं।

आपके ध्यान के लिए युद्ध आपकी आत्मा के लिए युद्ध है।

जिसे कई लोग "हानिरहित मनोरंजन" मानते हैं, वह प्रायः एक गुप्त निमंत्रण होता है - वासना, भय, चालाकी, गर्व, घमंड, विद्रोह या यहां तक कि राक्षसी लगाव के लिए।

दृश्य अंधकार के वैश्विक प्रवेश द्वार

- **अफ्रीका** - अनुष्ठानिक फिल्में, नॉलीवुड विषयवस्तु जो जादू-टोना और बहुविवाह को सामान्य बनाती हैं।
- **एशिया** - आध्यात्मिक पोर्टल, मोहक आत्माएं, सूक्ष्म यात्रा के साथ एनीमे और मंगा।

- **यूरोप** - गॉथिक फैशन, डरावनी फिल्में, पिशाच जुनून, शैतानी कला।
- **लैटिन अमेरिका** - जादू-टोना, शाप और बदले की भावना को महिमामंडित करने वाले टेलीनोवेलस।
- **उत्तरी अमेरिका** - मुख्यधारा मीडिया, संगीत वीडियो, अश्लील साहित्य, "प्यारे" राक्षसी कार्टून।

जिस चीज़ पर आप लगातार नज़र रखते हैं, उसके प्रति आप संवेदनहीन हो जाते हैं।

कहानी: "वह कार्टून जिसने मेरे बच्चे को श्राप दिया"

अमेरिका की एक माँ ने देखा कि उसका पाँच साल का बेटा रात में चीखने-चिल्लाने लगा है और परेशान करने वाले चित्र बनाने लगा है। प्रार्थना के बाद, पवित्र आत्मा ने उसे एक कार्टून दिखाया जिसे उसका बेटा चुपके से देख रहा था—जो मंत्रों, बात करने वाली आत्माओं और ऐसे प्रतीकों से भरा था जिन पर उसने ध्यान नहीं दिया था।

उसने शो हटा दिए और अपने घर और स्क्रीन पर तेल छिड़क दिया। कई रातों तक आधी रात की प्रार्थना और भजन 91 का पाठ करने के बाद, दौरे बंद हो गए और लड़का चैन की नींद सोने लगा। अब वह एक सहायता समूह का नेतृत्व करती है जो माता-पिता को अपने बच्चों के दृश्य द्वारों की रक्षा करने में मदद करता है।

कार्य योजना – नेत्र द्वार का शुद्धिकरण

1. **मीडिया ऑडिट** करें : आप क्या देख रहे हैं? क्या पढ़ रहे हैं? क्या स्क्रॉल कर रहे हैं?

2. ऐसी सदस्यता या प्लेटफॉर्म रद्द करें जो आपके विश्वास के बजाय आपके शरीर को पोषित करते हैं।
3. भजन संहिता 101:3 का वचन कहते हुए अपनी आंखों और पर्दों का अभिषेक करो।
4. कचरे को ईश्वरीय सामग्री से बदलें - वृत्तचित्र, पूजा, शुद्ध मनोरंजन।
5. घोषित करें:

"मैं अपनी आँखों के सामने कोई बुरी चीज़ नहीं रखूँगा। मेरी नज़र परमेश्वर पर है।"

समूह आवेदन

- चुनौती: 7-दिवसीय आई गेट फास्ट - कोई विषाक्त मीडिया नहीं, कोई निष्क्रिय स्क्रॉलिंग नहीं।
- साझा करें: पवित्र आत्मा ने आपको कौन सी सामग्री देखने से मना किया है?
- व्यायाम: अपनी आँखों पर हाथ रखें और दृष्टि के माध्यम से किसी भी प्रकार की अशुद्धता (जैसे, अश्लील साहित्य, डरावनी, घमंड) का त्याग करें।
- गतिविधि: सदस्यों को उन ऐप्स को हटाने, पुस्तकों को जलाने, या उन वस्तुओं को त्यागने के लिए आमंत्रित करें जो उनकी दृष्टि को खराब करती हैं।

उपकरण: जैतून का तेल, जवाबदेही ऐप, धर्मग्रंथ स्क्रीनसेवर, आई गेट प्रार्थना कार्ड।

मुख्य अंतर्दृष्टि

यदि दुष्टात्माएँ आपका मनोरंजन करती हैं तो आप उन पर अधिकार नहीं रख सकते।

प्रतिबिंब पत्रिका

- मैं अपनी आँखों को क्या खिलाऊँ जो शायद मेरे जीवन में अंधकार को पोषित कर रही है?
- आखिरी बार मैंने कब उस बात पर रोया था जो परमेश्वर के हृदय को तोड़ती है?
- क्या मैंने पवित्र आत्मा को अपने स्क्रीन समय पर पूर्ण नियंत्रण दे दिया है?

पवित्रता की प्रार्थना

प्रभु यीशु, मैं प्रार्थना करता हूँ कि आपका लहू मेरी आँखों पर धुल जाए। मुझे उन चीज़ों के लिए क्षमा करें जो मैंने अपनी स्क्रीन, किताबों और कल्पनाओं के माध्यम से अंदर आने दीं। आज, मैं घोषणा करता हूँ कि मेरी आँखें प्रकाश के लिए हैं, अंधकार के लिए नहीं। मैं हर उस छवि, वासना और प्रभाव को अस्वीकार करता हूँ जो आपसे नहीं है। मेरी आत्मा को शुद्ध करें। मेरी दृष्टि की रक्षा करें। और मुझे वह देखने दें जो आप देखते हैं—पवित्रता और सच्चाई में। आमीन।

दिन 7: नामों के पीछे की शक्ति - अपवित्र पहचानों का त्याग

"और याबेस ने इस्राएल के परमेश्वर को पुकारा, भला होता कि तू मुझे सचमुच आशीष देता...' और परमेश्वर ने उसे वह दिया जो उसने माँगा।"
— *1 इतिहास 4:10*
"अब से तेरा नाम अब्राम न रहेगा, परन्तु अब्राहम..." — *उत्पत्ति 17:5*

नाम सिर्फ़ लेबल नहीं होते—वे आध्यात्मिक घोषणाएँ हैं। धर्मग्रंथों में, नाम अक्सर भाग्य, व्यक्तित्व, या यहाँ तक कि बंधन को भी दर्शाते हैं। किसी चीज़ का नाम देना उसे पहचान और दिशा देना है। दुश्मन इसे समझता है—इसलिए बहुत से लोग अनजाने में अज्ञानता, पीड़ा, या आध्यात्मिक बंधन में दिए गए नामों के जाल में फँस जाते हैं।

जिस प्रकार परमेश्वर ने नाम बदल दिए (अब्राम से अब्राहम, याकूब से इस्राएल, सारै से सारा), उसी प्रकार वह अभी भी अपने लोगों का नाम बदलकर उनकी नियति बदल देता है।

नाम बंधन के वैश्विक संदर्भ

- **अफ्रीका** - मृत पूर्वजों या मूर्तियों के नाम पर रखे गए बच्चे ("ओगबांजे," "डाइक," "इफुनान्या" अर्थ से जुड़े हुए हैं)।
- **एशिया** - कर्म चक्र या देवताओं से जुड़े पुनर्जन्म के नाम।
- **यूरोप** - बुतपरस्त या जादू टोना विरासत में निहित नाम (जैसे, फ्रेया, थोर, मर्लिन)।

- **लैटिन अमेरिका** - सैनटेरिया से प्रभावित नाम, विशेष रूप से आध्यात्मिक बपतिस्मा के माध्यम से।
- **उत्तरी अमेरिका** - पॉप संस्कृति, विद्रोही आंदोलनों या पूर्वजों के समर्पण से लिए गए नाम।

नाम मायने रखते हैं - और वे शक्ति, आशीर्वाद या बंधन ला सकते हैं।

कहानी: "मुझे अपनी बेटी का नाम क्यों बदलना पड़ा"

ग्रेटर एक्सप्लॉइट्स 14 में, एक नाइजीरियाई जोड़े ने अपनी बेटी का नाम "अमाका" रखा, जिसका अर्थ है "सुंदर", लेकिन वह एक दुर्लभ बीमारी से पीड़ित हो गई जिसने डॉक्टरों को हैरान कर दिया। एक भविष्यवाणी सम्मेलन के दौरान, माँ को एक रहस्योद्घाटन प्राप्त हुआ: यह नाम कभी उसकी दादी, एक जादूगरनी, द्वारा इस्तेमाल किया जाता था, जिसकी आत्मा अब उस बच्ची पर दावा कर रही थी।

उन्होंने उसका नाम बदलकर "ओलुवाटामिलोरे" (ईश्वर ने मुझे आशीर्वाद दिया है) रख दिया, और उपवास और प्रार्थनाएँ रखीं। बच्ची पूरी तरह ठीक हो गई।

भारत में एक और मामला "कर्मा" नाम के एक व्यक्ति का था, जो पीढ़ियों से चली आ रही अभिशापों से जूझ रहा था। हिंदू धर्म त्यागने और अपना नाम बदलकर "जोनाथन" रखने के बाद, उसे आर्थिक और स्वास्थ्य संबंधी प्रगति का अनुभव होने लगा।

कार्य योजना - आपके नाम की जाँच

1. अपने नाम का पूरा अर्थ - पहला, मध्य, उपनाम - पर शोध करें।

2. अपने माता-पिता या बड़ों से पूछें कि आपको ये नाम क्यों दिए गए।
3. प्रार्थना में नकारात्मक आध्यात्मिक अर्थों या समर्पणों का त्याग करें।
4. मसीह में अपनी दिव्य पहचान घोषित करें:

"मैं परमेश्वर के नाम से बुलाया गया हूँ। मेरा नया नाम स्वर्ग में लिखा है (प्रकाशितवाक्य 2:17)।"

समूह सहभागिता

- सदस्यों से पूछें: आपके नाम का क्या अर्थ है? क्या आपको इससे जुड़े सपने आए हैं?
- एक "नामकरण प्रार्थना" करें - भविष्यवाणी के रूप में प्रत्येक व्यक्ति की पहचान की घोषणा करें।
- उन लोगों पर हाथ रखो जिन्हें वाचाओं या पैतृक बंधनों से बंधे नामों को तोड़ने की आवश्यकता है।

उपकरण: नाम अर्थ कार्ड प्रिंट करें, अभिषेक तेल लाएं, नाम परिवर्तन के शास्त्रों का उपयोग करें।

मुख्य अंतर्दृष्टि

आप अपनी असली पहचान के साथ नहीं चल सकते, जबकि आप झूठी पहचान का जवाब दे रहे हों।

प्रतिबिंब पत्रिका

- मेरे नाम का क्या अर्थ है - आध्यात्मिक और सांस्कृतिक रूप से?
- क्या मैं अपने नाम के साथ सामंजस्य महसूस करता हूँ या इसके साथ संघर्ष करता हूँ?
- स्वर्ग मुझे किस नाम से पुकारता है?

नाम बदलने की प्रार्थना

पिता, यीशु के नाम में, मैं आपको मसीह में मुझे एक नई पहचान देने के लिए धन्यवाद देता हूँ। मैं अपने नामों से जुड़े हर अभिशाप, वाचा या शैतानी बंधन को तोड़ता हूँ। मैं हर उस नाम का त्याग करता हूँ जो आपकी इच्छा के अनुरूप नहीं है। मैं उस नाम और पहचान को स्वीकार करता हूँ जो स्वर्ग ने मुझे दी है—शक्ति, उद्देश्य और पवित्रता से भरपूर। यीशु के नाम में, आमीन।

दिन 8: झूठे प्रकाश का पर्दाफाश - नए युग के जाल और स्वर्गदूतों के धोखे

"और यह कुछ अचम्भे की बात नहीं! क्योंकि शैतान आप भी ज्योतिर्मय स्वर्गदूत का रूप धारण करता है।" - 2 कुरिन्थियों 11:14

"हे प्रियो, हर एक आत्मा की प्रतीति न करो, परन्तु आत्माओं को परखो कि वे परमेश्वर की ओर से हैं कि नहीं..." - 1 यूहन्ना 4:1

जो चमकता है वह सब ईश्वर नहीं है।

आज की दुनिया में, बढ़ती संख्या में लोग परमेश्वर के वचन के बाहर "प्रकाश", "उपचार" और "ऊर्जा" की तलाश में हैं। वे ध्यान, योग वेदियों, तृतीय नेत्र जागरण, पूर्वजों को बुलाने, टैरो रीडिंग, चंद्र अनुष्ठान, देवदूत-मार्गदर्शन, और यहाँ तक कि ईसाई-भाषी रहस्यवाद की ओर भी रुख करते हैं। यह धोखा प्रबल होता है क्योंकि यह अक्सर शांति, सौंदर्य और शक्ति के साथ आता है - शुरुआत में।

लेकिन इन आंदोलनों के पीछे भविष्यवाणियां करने वाली आत्माएं, झूठी भविष्यवाणी करने वाली आत्माएं और प्राचीन देवता हैं जो लोगों की आत्माओं तक कानूनी पहुंच प्राप्त करने के लिए प्रकाश का मुखौटा पहनते हैं।

झूठे प्रकाश की वैश्विक पहुँच

- **उत्तरी अमेरिका** - क्रिस्टल, ऋषि सफाई, आकर्षण का नियम, मनोविज्ञान, विदेशी प्रकाश कोड।
- **यूरोप** - पुनःब्रांडेड बुतपरस्ती, देवी पूजा, श्वेत जादू टोना, आध्यात्मिक त्यौहार।

- **लैटिन अमेरिका** - सैनटेरिया कैथोलिक संतों, प्रेतात्मवादी चिकित्सकों (क्यूरेन्डेरोस) से मिश्रित है।
- **अफ्रीका** - देवदूत वेदियों और अनुष्ठानिक जल का उपयोग करके नकली भविष्यवाणियां।
- **एशिया** - चक्र, योग "ज्ञानोदय", पुनर्जन्म परामर्श, मंदिर आत्माएं।

ये अभ्यास अस्थायी रूप से "प्रकाश" प्रदान कर सकते हैं, लेकिन समय के साथ ये आत्मा को अंधकारमय बना देते हैं।

गवाही: धोखा देने वाले प्रकाश से मुक्ति

ग्रेटर एक्सप्लॉइट्स 14 से , मर्सी (यूके) देवदूत कार्यशालाओं में भाग ले रही थी और धूप, क्रिस्टल और देवदूत कार्ड के साथ "ईसाई" ध्यान का अभ्यास कर रही थी। उसे विश्वास था कि वह ईश्वर के प्रकाश तक पहुँच रही है, लेकिन जल्द ही उसे नींद में आवाज़ें सुनाई देने लगीं और रात में उसे एक अजीब सा डर महसूस होने लगा।

उसकी मुक्ति तब शुरू हुई जब किसी ने उसे *"जेम्स एक्सचेंज" उपहार में दिया* , और उसे अपने अनुभवों और एक पूर्व शैतानवादी के अनुभवों के बीच समानता का एहसास हुआ, जो स्वर्गदूतों के धोखे की बात करता था। उसने पश्चाताप किया, सभी गुप्त वस्तुओं को नष्ट कर दिया, और पूर्ण मुक्ति प्रार्थनाओं के लिए समर्पित हो गई।

आज, वह चर्चों में नए युग के धोखे के खिलाफ साहसपूर्वक गवाही देती है और दूसरों को भी इसी तरह के रास्ते को त्यागने में मदद करती है।

कार्य योजना - आत्माओं का परीक्षण

1. **अपनी प्रथाओं और विश्वासों की सूची बनाएं** - क्या वे धर्मशास्त्र के अनुरूप हैं या सिर्फ आध्यात्मिक लगते हैं?
2. **त्याग करें और उन्हें नष्ट कर दें** : क्रिस्टल, योग मैनुअल, एंजेल कार्ड, ड्रीमकैचर, आदि।
3. **भजन संहिता 119:105** - परमेश्वर से प्रार्थना करें कि वह उसका वचन ही आपका एकमात्र प्रकाश बने।
4. **भ्रम के विरुद्ध युद्ध की घोषणा करें** - परिचित आत्माओं और झूठे रहस्योद्घाटन को बांधें।

समूह आवेदन

- **चर्चा करें** : क्या आप या आपका कोई परिचित ऐसे "आध्यात्मिक" अभ्यासों में शामिल हुआ है जो यीशु पर केन्द्रित नहीं थे?
- **रोलप्ले विवेक** : "आध्यात्मिक" कथनों के अंश पढ़ें (जैसे, "ब्रह्मांड पर भरोसा करें") और उन्हें पवित्रशास्त्र के साथ तुलना करें।
- **अभिषेक और मुक्ति सत्र : झूठी रोशनी के लिए वेदियों को तोड़ें और** *दुनिया की रोशनी* के लिए वाचा के साथ बदलें (यूहन्ना 8:12)।

मंत्रालय उपकरण :

- वस्तु-शिक्षण के लिए वास्तविक न्यू एज वस्तुएं (या उनकी तस्वीरें) लाएं।
- परिचित आत्माओं के विरुद्ध मुक्ति की प्रार्थना करें (देखें प्रेरितों के काम 16:16-18)।

मुख्य अंतर्दृष्टि

शैतान का सबसे खतरनाक हथियार अंधकार नहीं है - बल्कि नकली प्रकाश है।

प्रतिबिंब पत्रिका

- क्या मैंने पवित्रशास्त्र पर आधारित न होने वाली "प्रकाश" शिक्षाओं के माध्यम से आध्यात्मिक द्वार खोले हैं?
- क्या मैं पवित्र आत्मा पर भरोसा करता हूँ या अंतर्ज्ञान और ऊर्जा पर?
- क्या मैं परमेश्वर की सच्चाई के लिए सभी प्रकार की झूठी आध्यात्मिकता को त्यागने के लिए तैयार हूँ?

त्याग की प्रार्थना

पिता, मैं हर उस तरीके के लिए पश्चाताप करता हूँ जिससे मैंने झूठी ज्योति को अपनाया या उससे जुड़ा। मैं नए युग, जादू-टोने और भ्रामक आध्यात्मिकता के सभी रूपों का त्याग करता हूँ। मैं स्वर्गदूतों, आध्यात्मिक मार्गदर्शकों और झूठे रहस्योद्घाटन से अपने सभी आत्मिक बंधन तोड़ता हूँ। मैं यीशु को, जो संसार का सच्चा प्रकाश है, स्वीकार

करता हूँ। मैं घोषणा करता हूँ कि मैं आपकी आवाज़ के अलावा किसी और की आवाज़ का अनुसरण नहीं करूँगा, यीशु के नाम में। आमीन।

दिन 9: लहू की वेदी - जीवन की माँग करने वाली वाचाएँ

"और उन्होंने बाल के ऊँचे स्थान बनाए… ताकि अपने बेटे-बेटियों को मोलेक के लिए आग में चढ़ाएँ।" — यिर्मयाह 32:35

"और उन्होंने मेम्ने के लहू के कारण और अपनी गवाही के वचन के कारण उस पर जय पाई…" — प्रकाशितवाक्य 12:11

ऐसी वेदियाँ हैं जो सिर्फ आपका ध्यान ही नहीं मांगतीं - वे आपसे खून की भी मांग करती हैं।

प्राचीन काल से लेकर आज तक, रक्त-वाचाएँ अंधकार के राज्य की एक प्रमुख प्रथा रही हैं। कुछ वाचाएँ जानबूझकर जादू-टोने, गर्भपात, अनुष्ठानिक हत्याओं या गुप्त दीक्षाओं के माध्यम से की जाती हैं। कुछ वाचाएँ पैतृक प्रथाओं के माध्यम से विरासत में मिलती हैं या आध्यात्मिक अज्ञानता के कारण अनजाने में जुड़ जाती हैं।

जहां कहीं भी निर्दोष लोगों का खून बहाया जाता है - चाहे वह धार्मिक स्थलों में हो, शयनकक्षों में हो या बोर्डरूम में हो - वहां एक राक्षसी वेदी बोलती है।

ये वेदियाँ जीवन का दावा करती हैं, भाग्य को छोटा करती हैं, तथा राक्षसी कष्ट के लिए कानूनी आधार तैयार करती हैं।

रक्त की वैश्विक वेदियाँ

- **अफ्रीका** - अनुष्ठानिक हत्याएं, धन संबंधी अनुष्ठान, बच्चों की बलि, जन्म के समय रक्त समझौते।

- **एशिया** - मंदिर में रक्त चढ़ाना, गर्भपात या युद्ध शपथ के माध्यम से पारिवारिक श्राप।
- **लैटिन अमेरिका** - सैनटेरिया पशु बलि, मृतकों की आत्माओं को रक्त अर्पण।
- **उत्तरी अमेरिका** - गर्भपात को संस्कार के रूप में मानने की विचारधारा, राक्षसी रक्त शपथ बिरादरी।
- **यूरोप** - प्राचीन ड्र्यूड और फ्रीमेसन अनुष्ठान, प्रथम विश्व युद्ध के समय की रक्तपातकारी वेदियां, जिनका अभी तक पश्चाताप नहीं हुआ है।

ये अनुबंध, जब तक तोड़े नहीं जाते, अक्सर चक्रों में, जीवन का दावा करते रहते हैं।

सच्ची कहानी: एक पिता का बलिदान

"डिलीवर्ड फ्रॉम द पावर ऑफ़ डार्कनेस" में , मध्य अफ़्रीका की एक महिला को एक मुक्ति सत्र के दौरान पता चला कि मौत से उसका बार-बार सामना उसके पिता द्वारा ली गई एक रक्त-शपथ से जुड़ा था। पिता ने उसे वर्षों की बांझपन के बाद धन के बदले जीवन देने का वादा किया था।

अपने पिता की मृत्यु के बाद, उसे हर साल अपने जन्मदिन पर परछाइयाँ दिखाई देने लगीं और लगभग जानलेवा दुर्घटनाएँ होने लगीं। उसे सफलता तब मिली जब उसे प्रतिदिन भजन संहिता 118:17 — *"मैं न मरूँगा, परन्तु जीवित रहूँगा..."* — का पाठ करने के लिए प्रेरित किया गया, जिसके बाद त्याग प्रार्थनाओं और उपवासों की एक श्रृंखला का पालन किया गया। आज, वह एक शक्तिशाली मध्यस्थता मंत्रालय का नेतृत्व कर रही है।

ग्रेटर एक्सप्लॉइट्स 14 में एक और वृत्तांत लैटिन अमेरिका के एक व्यक्ति का वर्णन करता है जिसने एक गिरोह दीक्षा में भाग लिया था

जिसमें खून बहाना शामिल था। वर्षों बाद, मसीह को स्वीकार करने के बाद भी, उसका जीवन निरंतर उथल-पुथल में रहा—जब तक कि उसने लंबे उपवास, सार्वजनिक पापस्वीकार और जल बपतिस्मा के माध्यम से रक्त वाचा को नहीं तोड़ दिया। यातना समाप्त हो गई।

कार्य योजना – रक्त वेदियों को शांत करना

1. किसी भी गर्भपात, गुप्त रक्त संधि, या वंशानुगत रक्तपात के लिए **पश्चाताप करें**।
2. सभी ज्ञात और अज्ञात रक्त वाचाओं को नाम लेकर ज़ोर से **त्यागें**।
3. **तीन दिन तक उपवास रखें** और प्रतिदिन प्रभु भोज ग्रहण करें, तथा यीशु के लहू को अपना वैधानिक सुरक्षा कवच घोषित करें।
4. **ऊँची आवाज़ में घोषणा करें**:

"यीशु के लहू के द्वारा, मैं अपनी ओर से की गई हर लहू वाचा को तोड़ता हूँ। मैं छुड़ाया गया हूँ।"

समूह आवेदन

- प्राकृतिक रक्त संबंधों और शैतानी रक्त वाचाओं के बीच अंतर पर चर्चा करें।
- रक्त वेदियों को दर्शाने के लिए लाल रिबन/धागे का प्रयोग करें, तथा उन्हें भविष्यवाणी के रूप में काटने के लिए कैंची का प्रयोग करें।
- किसी ऐसे व्यक्ति से गवाही आमंत्रित करें जो रक्त-संबंधी बंधन से मुक्त हो गया हो।

मंत्रालय उपकरण :

- साम्य तत्व
- अभिषेक तेल
- मुक्ति की घोषणाएँ
- यदि संभव हो तो मोमबत्ती की रोशनी में वेदी-भंजन दृश्य

मुख्य अंतर्दृष्टि

शैतान खून का व्यापार करता है। यीशु ने आपकी आज़ादी के लिए अपनी क़ीमत चुकाई।

प्रतिबिंब पत्रिका

- क्या मैंने या मेरे परिवार ने किसी ऐसी घटना में भाग लिया है जिसमें रक्तपात या शपथ शामिल हो?
- क्या मेरे वंश में बार-बार मृत्यु, गर्भपात या हिंसक घटनाएं होती रहती हैं?
- क्या मैंने यीशु के लहू पर पूरा भरोसा किया है कि वह मेरे जीवन पर ज़ोर से बोलेगा?

मुक्ति की प्रार्थना

प्रभु यीशु , मैं आपके अनमोल लहू के लिए धन्यवाद देता हूँ जो हाबिल के लहू से भी बेहतर बातें कहता है। मैं अपने या अपने पूर्वजों द्वारा, जाने-अनजाने में की गई किसी भी लहू की वाचा के लिए पश्चाताप करता हूँ। मैं अब उनका त्याग करता हूँ। मैं घोषणा करता हूँ कि मैं मेमने के लहू से ढका हुआ हूँ। मेरे जीवन की माँग करने वाली हर शैतानी वेदी खामोश हो जाए और चकनाचूर हो जाए। मैं जीवित हूँ क्योंकि आप मेरे लिए मरे। यीशु के नाम में, आमीन।

दिन 10: बांझपन और टूटन - जब गर्भ युद्ध का मैदान बन जाता है

"तेरे देश में किसी का गर्भ न गिरेगा, न कोई बांझ होगी; मैं तेरे दिनों की गिनती पूरी करूँगा।" —निर्गमन 23:26

"वह निःसंतान स्त्री को परिवार देता है, और उसे एक खुशहाल माँ बनाता है। यहोवा की स्तुति करो!" —भजन 113:9

बांझपन एक चिकित्सा समस्या से कहीं अधिक है। यह एक आध्यात्मिक गढ़ हो सकता है जिसकी जड़ें गहरी भावनात्मक, पैतृक और यहाँ तक कि क्षेत्रीय संघर्षों में भी हो सकती हैं।

विभिन्न राष्ट्रों में, बांझपन का इस्तेमाल दुश्मन महिलाओं और परिवारों को शर्मिंदा करने, अलग-थलग करने और बर्बाद करने के लिए करता है। हालाँकि कुछ कारण शारीरिक होते हैं, लेकिन कई गहरे आध्यात्मिक होते हैं—पीढ़ीगत वेदियों, श्रापों, आत्मिक जीवनसाथियों, असफल नियति या आत्मा के घावों से जुड़े।

हर निष्फल गर्भ के पीछे स्वर्ग का वादा छिपा है। लेकिन अक्सर गर्भधारण से पहले एक युद्ध लड़ना पड़ता है—गर्भ में और आत्मा में।

बंजरपन के वैश्विक पैटर्न

- **अफ्रीका** - बहुविवाह, पैतृक अभिशाप, तीर्थ संधि और आत्मा बच्चों से जुड़ा हुआ।
- **एशिया** - कर्म विश्वास, पूर्वजन्म प्रतिज्ञाएं, पीढ़ीगत श्राप, लज्जा संस्कृति।

- **लैटिन अमेरिका** - जादू-टोने से प्रेरित गर्भ बंद करना, ईर्ष्या मंत्र।
- **यूरोप** - आईवीएफ पर अत्यधिक निर्भरता, फ्रीमेसनरी बाल बलिदान, गर्भपात अपराध।
- **उत्तरी अमेरिका** - भावनात्मक आघात, आत्मा के घाव, गर्भपात चक्र, हार्मोन-परिवर्तनकारी दवाएं।

सच्ची कहानियाँ - आँसुओं से गवाही तक
बोलीविया (लैटिन अमेरिका) से मारिया

मारिया को पाँच बार गर्भपात हो चुका था। हर बार, उसे एक रोते हुए बच्चे को गोद में लिए हुए सपना आता और अगली सुबह खून दिखाई देता। डॉक्टर उसकी हालत समझ नहीं पा रहे थे। *ग्रेटर एक्सप्लॉइट्स में एक गवाही पढ़ने के बाद*, उसे एहसास हुआ कि उसे अपनी दादी से बांझपन की एक पारिवारिक वेदी विरासत में मिली थी, जिन्होंने सभी महिला गर्भों को एक स्थानीय देवता को समर्पित कर दिया था। उसने 14 दिनों तक उपवास रखा और भजन 113 का पाठ किया। उसके पादरी ने उसे प्रभु-भोज के ज़रिए वाचा तोड़ने में मदद की। नौ महीने बाद, उसने जुड़वाँ बच्चों को जन्म दिया।

नाइजीरिया (अफ्रीका) की

नगोजी की शादी को दस साल हो गए थे और उन्हें कोई संतान नहीं हुई थी। मुक्ति की प्रार्थना के दौरान, उसे पता चला कि उसकी शादी आत्मिक लोक में एक समुद्री पति से हुई है। हर अण्डोत्सर्ग चक्र में, उसे यौन स्वप्न आते थे। मध्यरात्रि में युद्ध की प्रार्थनाओं और किसी पूर्व गुप्त दीक्षा से प्राप्त अपनी विवाह की अंगूठी को जलाने के एक भविष्यवाणीपूर्ण कार्य के बाद, उसका गर्भ खुल गया।

कार्य योजना – गर्भ खोलना

1. **मूल को पहचानें** - पैतृक, भावनात्मक, वैवाहिक या चिकित्सीय।
2. **पिछले गर्भपात** , आत्मिक बंधन, यौन पापों और गुप्त समर्पणों का पश्चाताप करें।
3. निर्गमन 23:26 और भजन 113 का प्रचार करते हुए **प्रतिदिन अपने गर्भ का अभिषेक करें ।**
4. **तीन दिन तक उपवास रखें** , और प्रतिदिन प्रभुभोज ग्रहण करें, अपने गर्भ से जुड़ी सभी वेदियों को त्याग दें।
5. **जोर से बोलो** :

मेरा गर्भ धन्य है। मैं बांझपन की हर वाचा को अस्वीकार करती हूँ। पवित्र आत्मा की शक्ति से मैं गर्भवती होऊँगी और पूर्ण अवधि तक गर्भ धारण करूँगी!

समूह आवेदन

- महिलाओं (और दम्पतियों) को एक सुरक्षित, प्रार्थनापूर्ण स्थान पर देरी के बोझ को साझा करने के लिए आमंत्रित करें।
- कमर के चारों ओर लाल स्कार्फ या कपड़ा बांधें - फिर स्वतंत्रता के संकेत के रूप में उसे खोल दें।
- एक भविष्यसूचक "नामकरण" समारोह का नेतृत्व करें - विश्वास से उन बच्चों की घोषणा करें जो अभी पैदा होने वाले हैं।
- प्रार्थना सभाओं में शब्द-अभिशाप, सांस्कृतिक शर्म और आत्म-घृणा को तोड़ें।

मंत्रालय उपकरण:

- जैतून का तेल (गर्भाशय का अभिषेक करें)
- ऐक्य
- मेंटल/शॉल (आवरण और नवीनता का प्रतीक)

मुख्य अंतर्दृष्टि
बांझपन अंत नहीं है - यह युद्ध, विश्वास और पुनर्स्थापना का आह्वान है। ईश्वर का विलंब इनकार नहीं है।

प्रतिबिंब पत्रिका
- मेरे गर्भ से कौन से भावनात्मक या आध्यात्मिक घाव जुड़े हैं?
- क्या मैंने अपनी आशा का स्थान शर्म या कड़वाहट को लेने दिया है?
- क्या मैं विश्वास और कार्यवाही के साथ मूल कारणों का सामना करने के लिए तैयार हूँ?

उपचार और गर्भधारण की प्रार्थना
पिता, मैं आपके वचन पर कायम हूँ जो कहता है कि इस धरती पर कोई भी बांझ नहीं रहेगा। मैं हर झूठ, वेदी और हर उस आत्मा को अस्वीकार करता हूँ जो मेरी प्रजनन क्षमता में बाधा डालने के लिए नियुक्त की गई है। मैं खुद को और उन लोगों को क्षमा करता हूँ जिन्होंने मेरे शरीर के बारे में बुरा कहा है। मुझे चंगाई, पुनर्स्थापना और जीवन मिलता है। मैं अपने गर्भ को फलदायी और अपने आनंद को परिपूर्ण घोषित करता हूँ। यीशु के नाम में। आमीन।

दिन 11: स्वप्रतिरक्षी विकार और दीर्घकालिक थकान - भीतर का अदृश्य युद्ध

"जो घर अपने आप में फूट डालता है, वह स्थिर नहीं रहेगा।" — मत्ती 12:25

"वह कमज़ोरों को बल देता है और शक्तिहीनों को बहुत सामर्थ्य देता है।" — यशायाह 40:29

स्व-प्रतिरक्षी रोग वे होते हैं जिनमें शरीर अपनी ही कोशिकाओं को दुश्मन समझकर खुद पर हमला कर देता है। ल्यूपस, रुमेटॉइड आर्थराइटिस, मल्टीपल स्क्लेरोसिस, हाशिमोटो और अन्य रोग इसी समूह में आते हैं।

क्रोनिक थकान सिंड्रोम (सीएफएस), फाइब्रोमायल्जिया, और अन्य अस्पष्टीकृत थकावट विकार अक्सर स्वप्रतिरक्षी समस्याओं से जुड़े होते हैं। लेकिन जैविक समस्याओं के अलावा, इससे पीड़ित कई लोग भावनात्मक आघात, आत्मिक घाव और आध्यात्मिक बोझ भी झेलते हैं।

शरीर पुकार रहा है—सिर्फ़ दवा के लिए नहीं, बल्कि शांति के लिए। कई लोग भीतर ही भीतर युद्धरत हैं।

वैश्विक झलक

- **अफ्रीका** - आघात, प्रदूषण और तनाव से जुड़ी स्वप्रतिरक्षी बीमारियों में वृद्धि।

- **एशिया** - थायरॉइड विकारों की उच्च दर पैतृक दमन और शर्म की संस्कृति से जुड़ी है।
- **यूरोप और अमेरिका** - प्रदर्शन-संचालित संस्कृति से क्रोनिक थकान और बर्नआउट महामारी।
- **लैटिन अमेरिका** - पीड़ितों का अक्सर गलत निदान किया जाता है; आत्मा के विखंडन या शाप के माध्यम से कलंक और आध्यात्मिक हमले।

छिपी हुई आध्यात्मिक जड़ें

- **आत्म-घृणा या शर्म** - "काफी अच्छा नहीं" महसूस करना।
- **स्वयं या दूसरों के प्रति क्षमा न करना** - प्रतिरक्षा प्रणाली आध्यात्मिक स्थिति की नकल करती है।
- **अप्रसंस्कृत दुःख या विश्वासघात** - आत्मा की थकान और शारीरिक टूटन का द्वार खोल देता है।
- **जादू-टोना या ईर्ष्या के तीर** - आध्यात्मिक और शारीरिक शक्ति को खत्म करने के लिए उपयोग किए जाते हैं।

सच्ची कहानियाँ - अंधेरे में लड़ी गई लड़ाइयाँ

स्पेन की एलेना को

लंबे समय तक चले दुर्व्यवहारपूर्ण रिश्ते के बाद ल्यूपस का पता चला, जिससे वह भावनात्मक रूप से टूट गई थी। चिकित्सा और प्रार्थना में, यह पता चला कि उसने अपने अंदर घृणा को घर कर लिया था, और खुद को बेकार समझ रही थी। जब उसने खुद को क्षमा करना शुरू किया और पवित्रशास्त्र के साथ अपने मन के घावों का सामना करना शुरू किया, तो उसके क्रोध में भारी कमी आई। वह वचन की उपचारात्मक शक्ति और आत्मा के शुद्धिकरण की गवाही देती है।

अमेरिका से जेम्स

जेम्स, एक कॉर्पोरेट कार्यकारी, 20 साल के लगातार तनाव के बाद सीएफएस से ग्रस्त हो गया। मुक्ति के दौरान, यह उजागर हुआ कि बिना आराम के काम करने का एक पीढ़ीगत अभिशाप उसके परिवार के पुरुषों को त्रस्त कर रहा था। उसने विश्राम, प्रार्थना और पापस्वीकार के दौर में प्रवेश किया, और न केवल स्वास्थ्य, बल्कि पहचान की भी बहाली पाई।

कार्य योजना - आत्मा और प्रतिरक्षा प्रणाली को स्वस्थ करना

1. **भजन संहिता 103:1-5 को** ऊँची आवाज़ में पढ़ें - विशेष रूप से श्लोक 3-5 को।
2. **अपने आंतरिक विश्वासों की सूची बनाएँ** —आप खुद से क्या कहते हैं? झूठ तोड़ें।
3. **गहराई से क्षमा करें** - विशेषकर स्वयं को।
4. **प्रभु-भोज ग्रहण करें** - यशायाह 53 देखें।
5. **परमेश्वर में विश्राम करें** - सब्त वैकल्पिक नहीं है, यह थकान के विरुद्ध आध्यात्मिक युद्ध है।

मैं घोषणा करता हूँ कि मेरा शरीर मेरा दुश्मन नहीं है। मेरी हर कोशिका ईश्वरीय व्यवस्था और शांति के साथ संरेखित होगी। मुझे ईश्वर की शक्ति और उपचार प्राप्त होगा।

समूह आवेदन

- सदस्यों से अपनी थकान या भावनात्मक थकावट के बारे में बताएं, जिसे वे छिपाते हैं।
- एक "आत्मा डंप" अभ्यास करें - बोझ को लिखें, फिर उन्हें प्रतीकात्मक रूप से जला दें या दफना दें।
- स्वप्रतिरक्षी लक्षणों से पीड़ित लोगों पर हाथ रखें; संतुलन और शांति प्राप्त करें।

- भावनात्मक ट्रिगर्स और उपचारात्मक शास्त्रों की 7-दिवसीय जर्नलिंग को प्रोत्साहित करें।

मंत्रालय उपकरण:
- ताज़गी के लिए आवश्यक तेल या सुगंधित अभिषेक
- जर्नल या नोटपैड
- भजन 23 ध्यान साउंडट्रैक

मुख्य अंतर्दृष्टि
जो आत्मा पर हमला करता है, वह अक्सर शरीर में प्रकट होता है। उपचार अंदर से बाहर की ओर प्रवाहित होना चाहिए।

प्रतिबिंब पत्रिका
- क्या मैं अपने शरीर और विचारों में सुरक्षित महसूस करता हूँ?
- क्या मैं अतीत की असफलताओं या आघात के कारण शर्म या दोष को अपने मन में रख रहा हूँ?
- मैं विश्राम और शांति को आध्यात्मिक अभ्यास के रूप में सम्मान देने के लिए क्या कर सकता हूँ?

पुनर्स्थापना की प्रार्थना
प्रभु यीशु, आप मेरे चंगाईकर्ता हैं। आज मैं हर उस झूठ को नकारता हूँ कि मैं टूटा हुआ, गंदा या बर्बाद हूँ। मैं खुद को और दूसरों को माफ़ करता हूँ। मैं अपने शरीर की हर कोशिका को आशीर्वाद देता हूँ। मेरी आत्मा को शांति और मेरी प्रतिरक्षा प्रणाली में स्थिरता आती है। आपके कोड़ों से, मैं चंगा हो गया हूँ। आमीन।

दिन 12: मिर्गी और मानसिक पीड़ा - जब मन युद्ध का मैदान बन जाता है

"हे प्रभु, मेरे बेटे पर दया कर, क्योंकि वह पागल और बहुत दुखी है, क्योंकि वह बार बार आग में और बार बार पानी में गिरता है।" — मत्ती 17:15

"परमेश्वर ने हमें भय की नहीं पर सामर्थ, और प्रेम, और संयम की आत्मा दी है।" — 2 तीमुथियुस 1:7

कुछ कष्ट केवल चिकित्सीय नहीं होते - वे बीमारी के रूप में प्रच्छन्न आध्यात्मिक युद्धभूमि होते हैं।

मिर्गी, दौरे, सिज़ोफ्रेनिया, द्विध्रुवी विकार और मन में पीड़ा के पैटर्न की अक्सर अदृश्य जड़ें होती हैं। हालाँकि दवा का अपना महत्व है, लेकिन विवेक महत्वपूर्ण है। कई बाइबिल वृत्तांतों में, दौरे और मानसिक हमले शैतानी उत्पीड़न का परिणाम थे।

आधुनिक समाज उन बातों का इलाज करता है जिन्हें यीशु अक्सर *बाहर निकाल देते थे।*

वैश्विक वास्तविकता

- **अफ्रीका** - दौरे अक्सर श्राप या पैतृक आत्माओं के कारण होते हैं।
- **एशिया** - मिर्गी के रोगियों को अक्सर शर्म और आध्यात्मिक कलंक के कारण छिपाया जाता है।
- **लैटिन अमेरिका** - स्किज़ोफ्रेनिया का संबंध पीढ़ी दर पीढ़ी जादू-टोने या असफल बुलावे से है।
- **यूरोप और उत्तरी अमेरिका** - अति निदान और अति औषधि अक्सर राक्षसी मूल कारणों को छिपा देते हैं।

वास्तविक कहानियाँ - आग में मुक्ति

उत्तरी नाइजीरिया से मूसा

मूसा को बचपन से ही मिर्गी के दौरे पड़ते थे। उसके परिवार ने हर संभव कोशिश की—देशी डॉक्टरों से लेकर चर्च की प्रार्थनाओं तक। एक दिन, एक मुक्ति सभा के दौरान, आत्मा ने बताया कि मूसा के दादा ने उसे जादू-टोने के लिए बलि चढ़ा दी थी। वाचा तोड़ने और उसका अभिषेक करने के बाद, उसे फिर कभी दौरा नहीं पड़ा।

पेरू से डैनियल

द्विध्रुवी विकार से पीड़ित डैनियल को हिंसक सपनों और आवाज़ों से जूझना पड़ा। बाद में उसे पता चला कि उसके पिता पहाड़ों में गुप्त शैतानी अनुष्ठानों में शामिल थे। मुक्ति की प्रार्थनाओं और तीन दिन के उपवास से उसे स्पष्टता मिली। आवाज़ें बंद हो गईं। आज, डैनियल शांत, स्वस्थ और सेवकाई के लिए तैयार है।

ध्यान देने योग्य संकेत

- बिना ज्ञात तंत्रिका संबंधी कारण के दौरे की बार-बार घटना।
- आवाजें, मतिभ्रम, हिंसक या आत्मघाती विचार।
- प्रार्थना के दौरान समय या स्मृति की हानि, अस्पष्टीकृत भय, या शारीरिक दौरे पड़ना।
- पागलपन या आत्महत्या के पारिवारिक पैटर्न।

कार्य योजना – मन पर अधिकार करना

1. **सभी ज्ञात गुप्त बंधनों, आघातों या श्रापों का पश्चाताप करें।**
2. **प्रतिदिन अपने सिर पर हाथ रखे, और संयम का परिचय दे (2 तीमुथियुस 1:7)।**
3. **मन को बांधने वाली आत्माओं के लिए उपवास और प्रार्थना करें।**
4. **पैतृक शपथ, समर्पण या रक्त संबंधी श्राप को तोड़ना।**
5. **यदि संभव हो तो किसी मजबूत प्रार्थना साथी या उद्धार टीम के साथ जुड़ें।**

मैं पीड़ा, जकड़न और भ्रम की हर आत्मा को अस्वीकार करता हूँ। यीशु के नाम में मुझे एक स्वस्थ मन और स्थिर भावनाएँ प्राप्त होती हैं!

समूह मंत्रालय और आवेदन

- मानसिक बीमारी या दौरे के पारिवारिक पैटर्न की पहचान करें।
- जो लोग पीड़ित हैं उनके लिए प्रार्थना करें - माथे पर अभिषेक तेल का प्रयोग करें।
- मध्यस्थों को कमरे में घूमते हुए यह घोषणा करने दीजिए कि "शांति हो, शांत हो!" (मरकुस 4:39)
- प्रभावित लोगों को मौखिक समझौते तोड़ने के लिए आमंत्रित करें: "मैं पागल नहीं हूँ। मैं ठीक हो गया हूँ और पूर्ण हूँ।"

मंत्रालय उपकरण:

- अभिषेक तेल
- उपचार घोषणा कार्ड
- आराधना संगीत जो शांति और पहचान प्रदान करता है

मुख्य अंतर्दृष्टि

हर कष्ट सिर्फ़ शारीरिक नहीं होता। कुछ कष्ट प्राचीन वाचाओं और शैतानी क़ानूनी आधारों पर आधारित होते हैं जिनका आध्यात्मिक रूप से समाधान किया जाना चाहिए।

प्रतिबिंब पत्रिका
- क्या मैं कभी अपने विचारों या नींद में परेशान हुआ हूँ?
- क्या कोई ऐसी पीड़ा है जो अभी तक ठीक नहीं हुई है या कोई आध्यात्मिक द्वार है जिसे मुझे बंद करने की आवश्यकता है?
- मैं अपने मन को परमेश्वर के वचन में स्थिर करने के लिए प्रतिदिन कौन सा सत्य घोषित कर सकता हूँ?

स्वस्थता की प्रार्थना
प्रभु यीशु, आप मेरे मन को पुनर्स्थापित करने वाले हैं। मैं अपने मस्तिष्क, भावनाओं और स्पष्टता पर आक्रमण करने वाले हर अनुबंध, आघात या राक्षसी आत्मा का त्याग करता हूँ। मुझे उपचार और एक स्वस्थ मन प्राप्त होता है। मैं निश्चय करता हूँ कि मैं जीवित रहूँगा, मरूँगा नहीं। मैं पूरी शक्ति से कार्य करूँगा, यीशु के नाम में। आमीन।

दिन 13: भय की भावना - अदृश्य पीड़ा के पिंजरे को तोड़ना

"क्योंकि परमेश्वर ने हमें भय की नहीं, पर सामर्थ, और प्रेम, और संयम की आत्मा दी है।" - 2 तीमुथियुस 1:7

"भय से पीड़ा होती है..." - 1 यूहन्ना 4:18

डर सिर्फ़ एक भावना नहीं है—यह एक *आत्मा* भी हो सकती है। यह आपके शुरू करने से पहले ही असफलता की आहट दे देता है। यह अस्वीकृति को बढ़ा-चढ़ाकर पेश करता है। यह उद्देश्य को पंगु बना देता है। यह राष्ट्रों को पंगु बना देता है।

अनेक लोग भय से निर्मित अदृश्य कारागारों में हैं: मृत्यु, असफलता, गरीबी, लोगों, बीमारी, आध्यात्मिक युद्ध और अज्ञात का भय।

कई चिंता हमलों, आतंक विकारों और तर्कहीन भय के पीछे **नियति को बेअसर करने के लिए भेजा गया एक आध्यात्मिक कार्य छिपा हुआ है।**

वैश्विक अभिव्यक्तियाँ

- **अफ्रीका** - पीढ़ीगत श्राप, पैतृक प्रतिशोध, या जादू-टोने के कारण उत्पन्न भय।
- **एशिया** - सांस्कृतिक शर्म, कर्म भय, पुनर्जन्म की चिंताएँ।
- **लैटिन अमेरिका** - शाप, गांव की किंवदंतियों और आध्यात्मिक प्रतिशोध का भय।
- **यूरोप और उत्तरी अमेरिका** - छिपी हुई चिंता, निदानित विकार, टकराव, सफलता या अस्वीकृति का डर - अक्सर आध्यात्मिक लेकिन मनोवैज्ञानिक लेबल।

वास्तविक कहानियाँ - आत्मा का पर्दाफाश
कनाडा से सारा

सालों तक, सारा अँधेरे में सो नहीं पाती थी। उसे हमेशा कमरे में किसी की मौजूदगी का एहसास होता था। डॉक्टरों ने इसे चिंता बताया, लेकिन कोई इलाज काम नहीं आया। एक ऑनलाइन मुक्ति सत्र के दौरान, उसे पता चला कि बचपन के एक डर ने एक बुरे सपने और डरावनी फिल्म के ज़रिए एक सताने वाली आत्मा का दरवाज़ा खोल दिया था। उसने पश्चाताप किया, डर को त्याग दिया और उसे जाने दिया। अब वह चैन की नींद सोती है।

नाइजीरिया से उचे

उचे को प्रचार करने के लिए बुलाया गया था, लेकिन हर बार जब वह लोगों के सामने खड़ा होता, तो वह जड़वत हो जाता। उसका डर अस्वाभाविक था—घुटन, लकवा। प्रार्थना में, परमेश्वर ने उसे एक शाप शब्द दिखाया जो एक शिक्षक ने बचपन में उसकी आवाज़ का मज़ाक उड़ाया था। उस शब्द ने एक आध्यात्मिक बंधन बना दिया। एक बार टूट जाने पर, उसने निर्भीकता से प्रचार करना शुरू कर दिया।

कार्य योजना – भय पर काबू पाना

1. **किसी भी डर को नाम से स्वीकार करें**: "मैं यीशु के नाम में [_____] के डर को त्यागता हूँ।"
2. भजन 27 और यशायाह 41 को प्रतिदिन ऊँची आवाज़ में पढ़ें।
3. तब तक पूजा करो जब तक आतंक की जगह शांति न आ जाए।
4. भय-आधारित मीडिया से दूर रहें - डरावनी फिल्में, समाचार, गपशप।

5. **प्रतिदिन घोषणा करें** : "मैं स्वस्थ मन का हूँ। मैं भय का दास नहीं हूँ।"

समूह अनुप्रयोग - सामुदायिक सफलता

- समूह के सदस्यों से पूछें: किस भय ने आपको सबसे अधिक परेशान किया है?
- **त्याग** और **प्रतिस्थापन** की प्रार्थनाओं का नेतृत्व करें (उदाहरण के लिए, भय → साहस, चिंता → आत्मविश्वास)।
- प्रत्येक व्यक्ति को अपना डर लिखकर उसे एक भविष्यवाणी के रूप में जला देना चाहिए।
- *अभिषेक तेल* और *धर्मशास्त्र स्वीकारोक्ति का* एक दूसरे पर प्रयोग करें।

मंत्रालय उपकरण:

- अभिषेक तेल
- शास्त्र घोषणा कार्ड
- आराधना गीत: बेथेल का "अब गुलाम नहीं"

मुख्य अंतर्दृष्टि

डर को सहन करना **विश्वास को दूषित करना है**।
आप एक ही समय में साहसी और भयभीत नहीं हो सकते - साहस चुनें।

प्रतिबिंब पत्रिका

- बचपन से ही मेरे साथ कौन सा डर रहा है?
- भय ने मेरे निर्णयों, स्वास्थ्य या रिश्तों को किस प्रकार प्रभावित किया है?
- अगर मैं पूरी तरह से स्वतंत्र होता तो क्या अलग करता?

भय से मुक्ति की प्रार्थना

पिता, मैं भय की आत्मा का त्याग करता हूँ। मैं आघात, शब्दों या पाप के हर उस द्वार को बंद करता हूँ जो भय को प्रवेश देते थे। मैं सामर्थ्य, प्रेम और संयम की आत्मा ग्रहण करता हूँ। मैं यीशु के नाम में साहस, शांति और विजय की घोषणा करता हूँ। अब मेरे जीवन में भय का कोई स्थान नहीं है। आमीन।

दिन 14: शैतानी निशानियाँ - अपवित्र निशान मिटाना

"अब से कोई मुझे परेशान न करे, क्योंकि मैं प्रभु यीशु के निशानों को अपने शरीर में लिए फिरता हूँ।" — गलतियों 6:17

"वे इस्राएलियों पर मेरा नाम रखेंगे, और मैं उन्हें आशीर्वाद दूँगा।" — गिनती 6:27

कई नियति चुपचाप *अंकित होती हैं* - परमेश्वर द्वारा नहीं, बल्कि शत्रु द्वारा।

ये शैतानी निशान अजीबोगरीब शारीरिक निशानियों, टैटू या दाग़ने के सपनों, दर्दनाक दुर्व्यवहार, रक्त-संस्कारों, या विरासत में मिली वेदियों के रूप में दिखाई दे सकते हैं। कुछ अदृश्य होते हैं—केवल आध्यात्मिक संवेदनशीलता से ही पहचाने जा सकते हैं—जबकि कुछ शारीरिक निशानियों, राक्षसी टैटू, आध्यात्मिक दाग़ने, या लगातार कमज़ोरियों के रूप में दिखाई देते हैं।

जब किसी व्यक्ति पर शत्रु द्वारा हमला किया जाता है, तो उसे निम्न अनुभव हो सकते हैं:
- बिना किसी कारण के लगातार अस्वीकृति और घृणा।
- बार-बार आध्यात्मिक हमले और रुकावटें।
- निश्चित आयु में अकाल मृत्यु या स्वास्थ्य संकट।
- आत्मा में ट्रैक किया जाना - हमेशा अंधकार को दिखाई देना।

ये चिह्न *कानूनी टैग के रूप में कार्य करते हैं*, जो अंधेरे आत्माओं को पीड़ा देने, देरी करने या निगरानी करने की अनुमति देते हैं।

लेकिन यीशु का लहू **शुद्ध करता है** और **पुनः ब्रांड करता है**।

वैश्विक अभिव्यक्तियाँ

- **अफ्रीका** - जनजातीय चिह्न, अनुष्ठानिक कट, गुप्त दीक्षा के निशान।
- **एशिया** - आध्यात्मिक मुहरें, पैतृक प्रतीक, कर्म चिह्न।
- **लैटिन अमेरिका** - ब्रुजेरिया (जादू टोना) दीक्षा चिह्न, अनुष्ठानों में प्रयुक्त जन्म चिन्ह।
- **यूरोप** - फ्रीमेसनरी प्रतीक, आध्यात्मिक मार्गदर्शकों को आमंत्रित करने वाले टैटू।
- **उत्तरी अमेरिका** - नए युग के प्रतीक, अनुष्ठानिक दुर्व्यवहार टैटू, गुप्त वाचाओं के माध्यम से राक्षसी ब्रांडिंग।

वास्तविक कहानियाँ - रीब्रांडिंग की शक्ति
युगांडा से डेविड

दाऊद को लगातार अस्वीकृति का सामना करना पड़ा। उसकी प्रतिभा के बावजूद, कोई भी इसका कारण नहीं बता पाया। प्रार्थना में, एक भविष्यवक्ता ने उसके माथे पर एक "आध्यात्मिक X" देखा—एक गाँव के पुजारी द्वारा बचपन में किए गए अनुष्ठान का निशान। मुक्ति के दौरान, अभिषेक के तेल और यीशु के लहू की घोषणाओं के माध्यम से वह निशान आध्यात्मिक रूप से मिट गया। कुछ ही हफ़्तों में उसका जीवन बदल गया—उसकी शादी हो गई, उसे नौकरी मिल गई, और वह एक युवा नेता बन गया।

ब्राज़ील से सैंड्रा

सैंड्रा ने किशोरावस्था में विद्रोह के दौरान एक ड्रैगन टैटू बनवाया था। मसीह को अपना जीवन समर्पित करने के बाद, जब भी वह उपवास या प्रार्थना करती थी, तो उसे तीव्र आध्यात्मिक हमले महसूस होते थे। उसके पादरी ने पहचान लिया कि यह टैटू एक राक्षसी प्रतीक था जो

निगरानी करने वाली आत्माओं से जुड़ा था। पश्चाताप, प्रार्थना और आंतरिक उपचार के एक सत्र के बाद, उसने टैटू हटवा दिया और आत्मा का बंधन तोड़ दिया। उसके बुरे सपने तुरंत बंद हो गए।

कार्य योजना - निशान मिटाएँ

1. **पवित्र आत्मा से प्रार्थना करें** कि वह आपके जीवन में किसी भी आध्यात्मिक या शारीरिक निशान को प्रकट करे।
2. उन अनुष्ठानों में किसी भी व्यक्तिगत या विरासत में मिली भागीदारी के लिए **पश्चाताप करें जिनके कारण उन्हें ऐसा करने की अनुमति मिली।**
3. **यीशु का लहू** अपने शरीर पर लगाएँ - माथे, हाथ, पैर पर।
4. **निगरानी करने वाली आत्माओं, आत्मा के संबंधों और** चिह्नों से जुड़े कानूनी अधिकारों को तोड़ें (नीचे शास्त्र देखें)।
5. **भौतिक टैटू या वस्तुओं** (जैसे कि एलईडी) को हटा दें जो अंधेरे वाचाओं से जुड़े हैं।

समूह आवेदन – मसीह में पुनः ब्रांडिंग

- समूह के सदस्यों से पूछें: क्या आपने कभी कोई ब्रांड बनाया है या ब्रांड बनने का सपना देखा है?
- मसीह के प्रति **शुद्धिकरण और पुनः समर्पण** की प्रार्थना का नेतृत्व करें।
- माथे पर तेल लगाओ और घोषणा करो: *"अब तुम प्रभु यीशु मसीह की छाप धारण करते हो।"*
- निगरानी करने वाली आत्माओं को तोड़ें और मसीह में अपनी पहचान को पुनः स्थापित करें।

मंत्रालय उपकरण:

- जैतून का तेल (अभिषेक के लिए आशीर्वादित)

- दर्पण या सफेद कपड़ा (प्रतीकात्मक धुलाई क्रिया)
- कम्युनियन (नई पहचान को सील करें)

मुख्य अंतर्दृष्टि

जो आत्मा में अंकित है, वह **आत्मा में ही दिखाई देता है** - शत्रु ने जो आपके ऊपर अंकित किया है, उसे हटा दीजिए।

प्रतिबिंब पत्रिका

- क्या मैंने कभी अपने शरीर पर बिना किसी कारण के अजीब निशान, चोट या चिन्ह देखे हैं?
- क्या ऐसी कोई वस्तु, छेदन या टैटू है जिसे मुझे त्यागना या हटाना होगा?
- क्या मैंने अपने शरीर को पवित्र आत्मा के मंदिर के रूप में पूरी तरह से पुनः समर्पित कर दिया है?

रीब्रांडिंग की प्रार्थना

प्रभु यीशु, मैं आपकी इच्छा के विरुद्ध अपने शरीर या आत्मा पर किए गए हर निशान, वाचा और समर्पण का त्याग करता हूँ। आपके लहू से, मैं हर शैतानी निशान मिटा देता हूँ। मैं घोषणा करता हूँ कि मैं केवल मसीह के लिए चिन्हित हूँ। आपकी स्वामित्व की मुहर मुझ पर हो, और हर निगरानी करने वाली आत्मा अब मेरा पीछा न छोड़े। मैं अब अंधकार को दिखाई नहीं देता। मैं स्वतंत्र होकर चलता हूँ — यीशु के नाम में, आमीन।

दिन 15: दर्पण क्षेत्र - प्रतिबिंबों की जेल से बचना

"क्योंकि अभी तो हमें दर्पण में धुंधला सा दिखाई देता है, परन्तु उस समय आमने-सामने होंगे..." - 1 कुरिन्थियों 13:12

"उनके पास आँखें तो हैं, परन्तु वे देख नहीं सकतीं, और कान तो हैं, परन्तु वे सुन नहीं सकतीं..." - भजन संहिता 115:5–6

आत्मिक जगत में एक **दर्पण लोक है**— *नकली पहचानों*, आध्यात्मिक हेरफेर और अंधकारमय प्रतिबिंबों का स्थान। कई लोग सपनों या दर्शनों में जो देखते हैं, वह ईश्वर के दर्पण नहीं, बल्कि अंधकारमय साम्राज्य के धोखे के उपकरण हो सकते हैं।

गुप्तविद्या में, दर्पणों का उपयोग **आत्माओं को फँसाने**, जीवन पर **नज़र रखने** या **व्यक्तित्व परिवर्तन के लिए किया जाता** है। कुछ मुक्ति सत्रों में, लोग खुद को किसी दूसरी जगह पर "जीवित" देखते हैं—एक दर्पण के अंदर, एक परदे पर, या एक आध्यात्मिक आवरण के पीछे। ये मतिभ्रम नहीं हैं। ये अक्सर शैतानी कारागार होते हैं जिन्हें इस उद्देश्य से बनाया गया है:

- आत्मा को खंडित करो
- भाग्य में देरी
- भ्रमित पहचान
- वैकल्पिक आध्यात्मिक समय-सारिणी की मेजबानी करें

लक्ष्य? अपना एक झूठा संस्करण बनाना जो शैतानी नियंत्रण में रहे, जबकि आपका वास्तविक स्वरूप भ्रम या पराजय में रहे।

वैश्विक अभिव्यक्तियाँ

- **अफ्रीका** - दर्पण जादू-टोना, जिसका उपयोग जादूगरों द्वारा निगरानी करने, जाल में फंसाने या हमला करने के लिए किया जाता है।
- **एशिया** - ओमैन आत्माओं को देखने और बुलाने के लिए पानी के कटोरे या पॉलिश किए हुए पत्थरों का उपयोग करते हैं।

- **यूरोप** - काले दर्पण अनुष्ठान, प्रतिबिंबों के माध्यम से भूत-विद्या।
- **लैटिन अमेरिका** - एज़्टेक परंपराओं में ओब्सीडियन दर्पणों के माध्यम से देखना।
- **उत्तरी अमेरिका** - नए युग के दर्पण पोर्टल, सूक्ष्म यात्रा के लिए दर्पण दर्शन।

गवाही - "दर्पण में लड़की"
फिलीपींस से मारिया

मारिया को सपने आते थे कि वह शीशों से भरे एक कमरे में फँसी हुई है। हर बार जब वह ज़िंदगी में आगे बढ़ती, तो उसे शीशे में अपना एक रूप दिखाई देता जो उसे पीछे की ओर खींच रहा होता। एक रात मुक्ति के दौरान, उसने चीखकर बताया कि उसने खुद को "शीशे से बाहर" आज़ादी की ओर जाते हुए देखा था। उसके पादरी ने उसकी आँखों में तेल डाला और उसे शीशे से छेड़छाड़ छोड़ने के लिए प्रेरित किया। तब से, उसकी मानसिक स्पष्टता, व्यवसाय और पारिवारिक जीवन में बदलाव आया है।

स्कॉटलैंड के डेविड

, जो कभी नए युग के ध्यान में डूबे हुए थे, "दर्पण छाया कार्य" का अभ्यास करते थे। समय के साथ, उन्हें आवाज़ें सुनाई देने लगीं और वे खुद को ऐसे काम करते हुए देखने लगे जो उन्होंने कभी नहीं सोचे थे। ईसा मसीह को स्वीकार करने के बाद, एक उद्धारक सेवक ने दर्पण आत्मा के बंधन तोड़ दिए और उनके मन के लिए प्रार्थना की। डेविड ने बताया कि उन्हें वर्षों में पहली बार ऐसा महसूस हुआ जैसे "कोहरा छंट गया हो।"

कार्य योजना - दर्पण का जादू तोड़ें

1. आध्यात्मिक रूप से प्रयुक्त दर्पणों से सभी ज्ञात या अज्ञात जुड़ाव का **त्याग करें** ।
2. **अपने घर के सभी दर्पणों को** कपड़े से ढक दें।
3. **अपनी आँखों और माथे पर तेल लगाएँ** - घोषणा करें कि अब आप केवल वही देखते हैं जो परमेश्वर देखता है।
4. **पवित्रशास्त्र का प्रयोग करें** , न कि झूठे प्रतिबिंब में:
    - *यशायाह 43:1*
    - *2 कुरिन्थियों 5:17*
    - *यूहन्ना 8:36*

समूह अनुप्रयोग – पहचान पुनर्स्थापना

- पूछें: क्या आपने कभी दर्पण, दोहरे व्यक्ति या किसी को देखे जाने से संबंधित सपने देखे हैं?
- पहचान पुनः प्राप्ति की प्रार्थना का नेतृत्व करें - स्वयं के झूठे संस्करणों से स्वतंत्रता की घोषणा करें।
- आंखों पर हाथ रखें (प्रतीकात्मक रूप से या प्रार्थना में) और दृष्टि की स्पष्टता के लिए प्रार्थना करें।
- समूह में दर्पण का उपयोग करके भविष्यवाणीपूर्वक घोषणा करें: *"मैं वही हूँ जो परमेश्वर कहता है कि मैं हूँ। और कुछ नहीं।"*

मंत्रालय उपकरण:

- सफेद कपड़ा (प्रतीकों को ढकने वाला)
- अभिषेक के लिए जैतून का तेल
- भविष्यसूचक दर्पण घोषणा मार्गदर्शिका

मुख्य अंतर्दृष्टि

शत्रु को यह विकृत करना अच्छा लगता है कि आप स्वयं को किस प्रकार देखते हैं - क्योंकि आपकी पहचान ही आपकी नियति तक पहुंचने का मार्ग है।

प्रतिबिंब पत्रिका

- क्या मैंने अपने बारे में झूठ पर विश्वास किया है?
- क्या मैंने कभी दर्पण अनुष्ठानों में भाग लिया है या अनजाने में दर्पण जादू-टोने की अनुमति दी है?
- मैं कौन हूं, इस विषय में परमेश्वर क्या कहता है?

दर्पण क्षेत्र से मुक्ति की प्रार्थना

स्वर्गीय पिता, मैं दर्पण जगत के साथ किए गए हर अनुबंध को तोड़ता हूँ—हर अंधकारमय प्रतिबिंब, आध्यात्मिक दोहरापन, और नकली समयरेखा। मैं सभी झूठी पहचानों का त्याग करता हूँ। मैं घोषणा करता हूँ कि मैं वही हूँ जो आप कहते हैं। यीशु के लहू के द्वारा, मैं प्रतिबिंबों की कैद से बाहर निकलकर अपने उद्देश्य की पूर्णता में प्रवेश करता हूँ। आज से, मैं आत्मा की आँखों से देखता हूँ—सच्चाई और स्पष्टता में। यीशु के नाम में, आमीन।

दिन 16: शब्दों के श्राप के बंधन को तोड़ना - अपना नाम, अपना भविष्य पुनः प्राप्त करना

"जीभ के वश में मृत्यु और जीवन दोनों होते हैं..." — नीतिवचन 18:21
"जितने हथियार तेरी हानि के लिये बनाए जाएं, उन में से कोई सफल न होगा, और जितने लोग मुद्दई होकर तुझ पर नालिश करें, उन सभों से तू सफल होगा..." — यशायाह 54:17

शब्द सिर्फ़ ध्वनियाँ नहीं हैं—वे **आध्यात्मिक पात्र हैं**, जिनमें आशीर्वाद देने या बाँधने की शक्ति होती है। कई लोग अनजाने में ही अपने माता-पिता, शिक्षकों, आध्यात्मिक गुरुओं, पूर्व प्रेमियों, या यहाँ तक कि अपने ही मुँह से **निकले श्रापों के बोझ तले दब जाते हैं।**
कुछ लोगों ने ये पहले भी सुना होगा:

- "आप कभी भी कोई कार्य अच्छी तरह से नहीं करेंगे।"
- "तुम बिल्कुल अपने पिता की तरह हो - बेकार।"
- "आप जो भी छूते हैं वह विफल हो जाता है।"
- "अगर मैं तुम्हें नहीं पा सकता, तो कोई भी नहीं पा सकेगा।"
- "तुम शापित हो... देखो और देखो।"

क्रोध, घृणा या भय में कहे गए ऐसे शब्द—खासकर किसी अधिकारी द्वारा—आध्यात्मिक जाल बन सकते हैं। यहाँ तक कि "काश मैं कभी पैदा ही न होता" या "मैं कभी शादी नहीं करूँगा" जैसे स्वयं कहे गए श्राप भी शत्रु को कानूनी आधार प्रदान कर सकते हैं।

वैश्विक अभिव्यक्तियाँ

- **अफ्रीका** - जनजातीय शाप, विद्रोह पर माता-पिता का शाप, बाज़ार का शाप।
- **एशिया** - कर्म-आधारित शब्द घोषणाएँ, बच्चों पर बोली जाने वाली पैतृक प्रतिज्ञाएँ।
- **लैटिन अमेरिका** - ब्रुजेरिया (जादू टोना) शाप बोले गए शब्द से सक्रिय होते हैं।
- **यूरोप** - बोले गए टोने-टोटके, पारिवारिक "भविष्यवाणियाँ" जो स्वयं पूरी होती हैं।
- **उत्तरी अमेरिका** - मौखिक दुर्व्यवहार, गुप्त मंत्र, आत्म-घृणा की पुष्टि।

चाहे फुसफुसाकर या चिल्लाकर कहा जाए, भावना और विश्वास के साथ बोले गए श्राप आत्मा में भार डालते हैं।

गवाही — "जब मेरी माँ ने मृत्यु की बात कही"
कीशा (जमैका)

कीशा अपनी माँ को यह कहते हुए बड़ी हुई: *"तुम ही मेरी ज़िंदगी बर्बाद करने की वजह हो।"* हर जन्मदिन पर कुछ न कुछ बुरा होता था। 21 साल की उम्र में, उसने आत्महत्या की कोशिश की, उसे यकीन हो गया कि उसके जीवन का कोई मूल्य नहीं है। एक मुक्ति सभा के दौरान, पादरी ने पूछा: *"तुम्हारे जीवन पर मृत्यु किसने थोपी?"* वह टूट गई। शब्दों को त्यागने और क्षमादान देने के बाद, उसे आखिरकार खुशी का अनुभव हुआ। अब, वह छोटी लड़कियों को सिखाती है कि कैसे वे खुद पर जीवन थोपें।

आंद्रेई (रोमानिया)

आंद्रेई के शिक्षक ने एक बार कहा था: *"25 साल की उम्र से पहले तुम जेल में या मर जाओगे।"* यह बात उसे परेशान करती रही। वह अपराध

में फँस गया और 24 साल की उम्र में गिरफ्तार हो गया। जेल में, उसका सामना ईसा मसीह से हुआ और उसे उस श्राप का एहसास हुआ जिससे वह सहमत था। उसने शिक्षक को एक क्षमा पत्र लिखा, अपने ऊपर बोले गए हर झूठ को फाड़ डाला, और परमेश्वर के वादों को बताना शुरू कर दिया। अब वह जेल में एक आउटरीच मंत्रालय का नेतृत्व करता है।

कार्य योजना – अभिशाप को उलटें

1. आपके बारे में बोले गए नकारात्मक कथनों को लिखें - दूसरों द्वारा या स्वयं द्वारा।
2. प्रार्थना में, **हर शब्द को शाप के रूप में त्याग दें** (इसे ज़ोर से कहें)।
3. **क्षमा** उस व्यक्ति को दे दो जिसने क्षमा मांगी है।
4. शाप को आशीर्वाद में बदलने के लिए अपने ऊपर **परमेश्वर का सत्य बोलें** :
   - *यिर्मयाह 29:11*
   - *व्यवस्थाविवरण 28:13*
   - *रोमियों 8:37*
   - *भजन संहिता 139:14*

समूह आवेदन - शब्दों की शक्ति

- पूछें: किन वक्तव्यों ने आपकी पहचान को आकार दिया है - अच्छा या बुरा?
- समूह में, जोर से (संवेदनशीलता के साथ) गालियां दें, तथा बदले में आशीर्वाद बोलें।
- धर्मग्रंथ कार्ड का उपयोग करें - प्रत्येक व्यक्ति अपनी पहचान के बारे में तीन सत्यों को जोर से पढ़ता है।

- स्वयं पर 7-दिवसीय *आशीर्वाद आदेश आरंभ करने के लिए प्रोत्साहित करें।*

मंत्रालय उपकरण:
- धर्मग्रंथ पहचान वाले फ़्लैश कार्ड
- जैतून के तेल से मुख का अभिषेक (वाणी को पवित्र करना)
- दर्पण घोषणाएँ - प्रतिदिन अपने प्रतिबिंब पर सत्य बोलें

मुख्य अंतर्दृष्टि
यदि कोई श्राप दिया गया है, तो उसे तोड़ा जा सकता है - और उसके स्थान पर जीवन का एक नया शब्द बोला जा सकता है।

प्रतिबिंब पत्रिका
- किसके शब्दों ने मेरी पहचान बनाई है?
- क्या मैंने भय, क्रोध या शर्म के कारण स्वयं को शाप दिया है?
- परमेश्वर मेरे भविष्य के बारे में क्या कहता है?

शब्द अभिशाप को तोड़ने के लिए प्रार्थना

प्रभु यीशु, मैं अपने जीवन पर बोले गए हर श्राप को त्यागता हूँ—परिवार, मित्रों, शिक्षकों, प्रेमियों, यहाँ तक कि स्वयं द्वारा भी। मैं हर उस आवाज़ को क्षमा करता हूँ जिसने असफलता, अस्वीकृति या मृत्यु की घोषणा की। मैं अब उन शब्दों की शक्ति को तोड़ता हूँ, यीशु के नाम में। मैं अपने जीवन पर आशीर्वाद, अनुग्रह और भाग्य की घोषणा करता हूँ। मैं वही हूँ जो आप कहते हैं कि मैं हूँ—प्रेम किया गया, चुना गया, चंगा किया गया और स्वतंत्र। यीशु के नाम में। आमीन।

दिन 17: नियंत्रण और हेरफेर से मुक्ति

"जादू-टोना हमेशा वस्त्र और हंडे नहीं होता - कभी-कभी यह शब्द, भावनाएं और अदृश्य पट्टियाँ भी होती हैं।"

"क्योंकि बलवा करना टोना-टोटका करने के समान पाप है, और हठ करना अधर्म और मूर्तिपूजा के समान है।"

— *1 शमूएल 15:23*

जादू-टोना सिर्फ़ धार्मिक स्थलों में ही नहीं पाया जाता। यह अक्सर मुस्कुराहट के साथ अपराधबोध, धमकियों, चापलूसी या डर के ज़रिए लोगों को प्रभावित करता है। बाइबल विद्रोह को—खासकर उस विद्रोह को जो दूसरों पर अधर्मी नियंत्रण रखता है—जादू-टोने के बराबर मानती है। जब भी हम किसी दूसरे की इच्छा पर हावी होने के लिए भावनात्मक, मनोवैज्ञानिक या आध्यात्मिक दबाव डालते हैं, तो हम एक खतरनाक रास्ते पर चल रहे होते हैं।

वैश्विक अभिव्यक्तियाँ

- **अफ्रीका** - माताएं क्रोध में बच्चों को कोसती हैं, प्रेमी युगल एक दूसरे को "जुजू" या प्रेम औषधि के माध्यम से बांधते हैं, आध्यात्मिक नेता अनुयायियों को डराते हैं।
- **एशिया** - शिष्यों पर गुरु-नियंत्रण, तयशुदा विवाह में माता-पिता द्वारा ब्लैकमेल, ऊर्जा कॉर्ड में हेरफेर।
- **यूरोप** - पीढ़ीगत व्यवहार, धार्मिक अपराधबोध और प्रभुत्व को नियंत्रित करने वाली फ्रीमेसन शपथ।
- **लैटिन अमेरिका** - ब्रुजेरिया (जादू टोना) का उपयोग साथी को बनाए रखने के लिए किया जाता है, भावनात्मक ब्लैकमेल पारिवारिक अभिशापों में निहित है।

- **उत्तरी अमेरिका** - आत्मकामी पालन-पोषण, "आध्यात्मिक आवरण" के रूप में प्रच्छन्न चालाकीपूर्ण नेतृत्व, भय-आधारित भविष्यवाणी।

जादू-टोने की आवाज़ अक्सर फुसफुसाती है: *"यदि तुम ऐसा नहीं करोगे, तो तुम मुझे खो दोगे, परमेश्वर का अनुग्रह खो दोगे, या कष्ट सहोगे।"*

लेकिन सच्चा प्यार कभी चालाकी नहीं करता। परमेश्वर की आवाज़ हमेशा शांति, स्पष्टता और चुनाव की आज़ादी लाती है।

वास्तविक कहानी - अदृश्य बंधन को तोड़ना

कनाडा की ग्रेस एक भविष्यवाणी सेवा में गहराई से शामिल थी, जहाँ नेता यह तय करने लगा था कि वह किसके साथ डेट पर जा सकती है, कहाँ रह सकती है, और यहाँ तक कि कैसे प्रार्थना करनी है। शुरुआत में, यह आध्यात्मिक लगा, लेकिन समय के साथ, वह उसकी राय की कैदी सी महसूस करने लगी। जब भी वह स्वतंत्र रूप से कोई निर्णय लेने की कोशिश करती, तो उसे बताया जाता कि वह "ईश्वर के विरुद्ध विद्रोह" कर रही है। मानसिक रूप से टूटने और *ग्रेटर एक्सप्लॉइट्स 14 पढ़ने के बाद*, उसे एहसास हुआ कि यह करिश्माई जादू-टोना था—भविष्यवाणी के रूप में नियंत्रण।

ग्रेस ने अपने आध्यात्मिक गुरु से आत्मिक बंधन त्याग दिया, छल-कपट से अपनी सहमति के लिए पश्चाताप किया, और उपचार के लिए एक स्थानीय समुदाय में शामिल हो गईं। आज, वह पूरी तरह स्वस्थ हैं और दूसरों को धार्मिक दुर्व्यवहार से बाहर निकलने में मदद कर रही हैं।

कार्य योजना — रिश्तों में जादू-टोने को पहचानना

1. अपने आप से पूछें: *क्या मैं इस व्यक्ति के आसपास स्वतंत्र महसूस करता हूं, या उन्हें निराश करने से डरता हूं?*

2. ऐसे रिश्तों की सूची बनाएं जहां अपराधबोध, धमकी या चापलूसी को नियंत्रण के उपकरण के रूप में इस्तेमाल किया जाता है।
3. हर उस भावनात्मक, आध्यात्मिक या आत्मिक बंधन को त्याग दें जो आपको प्रभुत्व या निःशब्द महसूस कराता है।
4. अपने जीवन में हर प्रकार के छल-कपट को तोड़ने के लिए जोर से प्रार्थना करें।

पवित्रशास्त्र उपकरण

- **1 शमूएल** 15:23 – विद्रोह और जादू-टोना
- **गलातियों** 5:1 – "दृढ़ रहो… दासत्व के जूए से फिर बोझिल न हो जाओ।"
- **2 कुरिन्थियों** 3:17 – "जहाँ प्रभु का आत्मा है, वहाँ स्वतंत्रता है।"
- **मीका** 3:5–7 – झूठे भविष्यद्वक्ता धमकी और रिश्वत का प्रयोग करते हैं

समूह चर्चा और आवेदन

- उस समय को साझा करें (यदि आवश्यक हो तो गुमनाम रहें) जब आपको आध्यात्मिक या भावनात्मक रूप से हेरफेर महसूस हुआ हो।
- एक "सत्य-कथन" वाली प्रार्थना की भूमिका निभाएं - दूसरों पर नियंत्रण छोड़ना और अपनी इच्छा वापस लेना।
- सदस्यों से पत्र लिखवाएं (वास्तविक या प्रतीकात्मक) जिसमें वे नियंत्रक व्यक्तियों से संबंध तोड़ दें और मसीह में स्वतंत्रता की घोषणा करें।

मंत्रालय उपकरण:

- मुक्ति के लिए साझेदारों की जोड़ी बनाओ।

- मन और इच्छा पर स्वतंत्रता की घोषणा करने के लिए अभिषेक तेल का प्रयोग करें।
- *एकमात्र सच्चे आवरण* के रूप में मसीह के साथ वाचा को पुनः स्थापित करने के लिए प्रभु-भोज का उपयोग करें।

मुख्य अंतर्दृष्टि
जहाँ चालाकी होती है, वहाँ जादू-टोना फलता-फूलता है। लेकिन जहाँ परमेश्वर की आत्मा है, वहाँ आज़ादी है।

प्रतिबिंब पत्रिका
- मैंने किसे या किस चीज़ को अपनी आवाज़, इच्छा या दिशा को नियंत्रित करने की अनुमति दी है?
- क्या मैंने कभी अपनी बात मनवाने के लिए भय या चापलूसी का सहारा लिया है?
- मसीह की स्वतंत्रता में चलने के लिए आज मैं क्या कदम उठाऊंगा?

मुक्ति की प्रार्थना
स्वर्गीय पिता, मैं अपने भीतर या अपने आस-पास सक्रिय हर प्रकार के भावनात्मक, आध्यात्मिक और मनोवैज्ञानिक हेरफेर का त्याग करता हूँ। मैं भय, अपराधबोध और नियंत्रण में निहित हर आत्मिक बंधन को तोड़ देता हूँ। मैं विद्रोह, प्रभुत्व और धमकी से मुक्त हो जाता हूँ। मैं घोषणा करता हूँ कि मैं केवल आपकी आत्मा के द्वारा निर्देशित हूँ। मुझे प्रेम, सत्य और स्वतंत्रता में चलने का अनुग्रह प्राप्त होता है। यीशु के नाम में। आमीन।

दिन 18: क्षमा न करने और कड़वाहट की शक्ति को तोड़ना

"क्षमा न करना जहर पीने और दूसरे व्यक्ति के मरने की उम्मीद करने जैसा है।"

"ध्यान रखो... कि कोई कड़वी जड़ उगकर कष्ट न दे और बहुतों को अशुद्ध न करे।"
— *इब्रानियों 12:15*

कड़वाहट एक खामोश विध्वंसक है। इसकी शुरुआत चोट से हो सकती है—विश्वासघात से, झूठ से, नुकसान से—लेकिन अगर इसे अनियंत्रित छोड़ दिया जाए, तो यह क्षमा न करने की भावना में बदल जाती है, और अंततः एक ऐसी जड़ बन जाती है जो हर चीज़ को ज़हर बना देती है।

क्षमा न करने से पीड़ा देने वाली आत्माओं के लिए द्वार खुल जाता है (मत्ती 18:34)। यह विवेक को धुंधला कर देता है, उपचार में बाधा डालता है, आपकी प्रार्थनाओं का गला घोंट देता है, और परमेश्वर की शक्ति के प्रवाह को अवरुद्ध कर देता है।

मुक्ति का अर्थ केवल दुष्टात्माओं को बाहर निकालना नहीं है - इसका अर्थ है अपने अंदर जो कुछ दबा रखा है उसे बाहर निकालना।

कड़वाहट की वैश्विक अभिव्यक्तियाँ

- **अफ्रीका** - जनजातीय युद्ध, राजनीतिक हिंसा और पारिवारिक विश्वासघात पीढ़ी दर पीढ़ी चले आ रहे हैं।
- **एशिया** - माता-पिता और बच्चों के बीच अपमान, जाति-आधारित घाव, धार्मिक विश्वासघात।

- **यूरोप** - दुर्व्यवहार पर पीढ़ीगत चुप्पी, तलाक या बेवफाई पर कड़वाहट।
- **लैटिन अमेरिका** - भ्रष्ट संस्थाओं से मिले घाव, पारिवारिक अस्वीकृति, आध्यात्मिक हेरफेर।
- **उत्तरी अमेरिका** - चर्च की चोट, नस्लीय आघात, अनुपस्थित पिता, कार्यस्थल पर अन्याय।

कड़वाहट हमेशा चीखकर नहीं कहती। कभी-कभी, यह फुसफुसाती है, "मैं कभी नहीं भूलूँगा कि उन्होंने क्या किया।"

लेकिन परमेश्वर कहता है: *इसे जाने दो - इसलिए नहीं कि वे इसके लायक हैं, बल्कि इसलिए कि **तुम** इसके लायक हो।*

असली कहानी - वह महिला जो माफ़ नहीं करेगी

ब्राज़ील की मारिया जब पहली बार मुक्ति के लिए आई थी, तब उसकी उम्र 45 साल थी। हर रात उसे गला घोंटने का सपना आता था। उसे अल्सर, उच्च रक्तचाप और अवसाद की समस्या थी। सत्र के दौरान, पता चला कि वह अपने पिता से नफ़रत करती थी, जिसने बचपन में उसके साथ दुर्व्यवहार किया था और बाद में परिवार को छोड़ दिया था।

वह ईसाई बन गयी थी, लेकिन उसने उसे कभी माफ़ नहीं किया था। जैसे ही उसने रोते हुए परमेश्वर के सामने उसे छोड़ा, उसका शरीर ऐंठ गया—कुछ टूट गया। उस रात, वह 20 सालों में पहली बार चैन की नींद सोई। दो महीने बाद, उसकी सेहत में ज़बरदस्त सुधार होने लगा। अब वह महिलाओं के लिए एक हीलिंग कोच के रूप में अपनी कहानी साझा करती है।

कार्य योजना - कड़वी जड़ को उखाड़ना

1. **नाम लिखें** - उन लोगों के नाम लिखें जिन्होंने आपको दुख पहुंचाया है - यहां तक कि स्वयं को या ईश्वर को भी (यदि आप उनसे गुप्त रूप से नाराज रहे हैं)।
2. **उसे छोड़ दो** – ज़ोर से कहो: *"मैं [नाम] को [विशिष्ट अपराध] के लिए माफ़ करने का फ़ैसला करता हूँ। मैं उन्हें छोड़ देता हूँ और खुद को आज़ाद करता हूँ।"*
3. **इसे जला दें** - यदि ऐसा करना सुरक्षित हो, तो मुक्ति के एक भविष्यसूचक कार्य के रूप में कागज को जला दें या टुकड़े-टुकड़े कर दें।
4. **प्रार्थना कीजिए** —भले ही आपकी भावनाएँ विरोध करें। यह आध्यात्मिक युद्ध है।

पवित्रशास्त्र उपकरण

- *मत्ती 18:21–35* – क्षमा न करने वाले दास का दृष्टान्त
- *इब्रानियों 12:15* – कड़वी जड़ें बहुतों को अशुद्ध करती हैं
- *मरकुस 11:25* – क्षमा करो, ताकि तुम्हारी प्रार्थनाएँ रुक न जाएँ
- *रोमियों 12:19–21* – पलटा लेना परमेश्वर पर छोड़ दो

समूह आवेदन और मंत्रालय

- प्रत्येक व्यक्ति से (निजी तौर पर या लिखित रूप में) पूछें कि वे किस व्यक्ति का नाम बताएं जिसे माफ करने में उन्हें कठिनाई हो रही है।
- नीचे दी गई प्रार्थना का उपयोग करते हुए क्षमा प्रक्रिया से गुजरने के लिए प्रार्थना टीमों में विभाजित हो जाएं।

- एक भविष्यसूचक "दहन समारोह" का नेतृत्व करें जहाँ लिखित अपराधों को नष्ट कर दिया जाता है और उनके स्थान पर चंगाई की घोषणाएँ की जाती हैं।

मंत्रालय उपकरण:
- क्षमा घोषणा कार्ड
- कोमल वाद्य संगीत या भावपूर्ण आराधना
- आनन्द का तेल (मुक्ति के बाद अभिषेक के लिए)

मुख्य अंतर्दृष्टि

क्षमा न करना वह द्वार है जिसका शत्रु शोषण करता है। क्षमा वह तलवार है जो बंधन की डोर काट देती है।

प्रतिबिंब पत्रिका

- आज मुझे किसे माफ़ करना चाहिए?
- क्या मैंने स्वयं को क्षमा कर दिया है - या मैं स्वयं को पिछली गलतियों के लिए दंडित कर रहा हूँ?
- क्या मैं विश्वास करता हूँ कि परमेश्वर मुझे वह सब लौटा सकता है जो मैंने विश्वासघात या अपराध के कारण खोया है?

मुक्ति की प्रार्थना

प्रभु यीशु, मैं अपने दर्द, क्रोध और यादों के साथ आपके सामने आता हूँ। मैं आज — विश्वास से — उन सभी को क्षमा करने का चुनाव करता हूँ जिन्होंने मुझे चोट पहुँचाई है, मेरे साथ दुर्व्यवहार किया है, मेरे साथ विश्वासघात किया है, या मुझे अस्वीकार किया है। मैं उन्हें जाने देता हूँ। मैं उन्हें न्याय से मुक्त करता हूँ और मैं स्वयं को कड़वाहट से मुक्त करता हूँ। मैं आपसे विनती करता हूँ कि आप मेरे हर घाव को भर दें और मुझे अपनी शांति से भर दें। यीशु के नाम में। आमीन।

दिन 19: शर्म और निंदा से मुक्ति

"शर्म कहती है, 'मैं बुरा हूँ।' निंदा कहती है, 'मैं कभी भी स्वतंत्र नहीं हो पाऊँगा।' लेकिन यीशु कहते हैं, 'तुम मेरे हो, और मैंने तुम्हें नया बना दिया है।'"

"जो उसकी ओर देखते हैं, उनके मुख चमकते हैं; उनका मुख कभी लज्जा से नहीं ढँकता।"

— *भजन 34:5*

शर्म सिर्फ़ एक एहसास नहीं है—यह दुश्मन की एक रणनीति है। यह वह आवरण है जो वह उन लोगों को ओढ़ाता है जो गिर गए हैं, असफल हो गए हैं, या जिनका अपमान किया गया है। यह कहता है, "तुम ईश्वर के करीब नहीं आ सकते। तुम बहुत गंदे हो। बहुत क्षतिग्रस्त हो। बहुत दोषी हो।"

परन्तु दण्ड की बात **झूठ है** - क्योंकि मसीह में **दण्ड की कोई बात नहीं है** (रोमियों 8:1)।

मुक्ति की तलाश में कई लोग इसलिए अटके रहते हैं क्योंकि उन्हें लगता है कि वे **आज़ादी के लायक नहीं हैं**। वे अपराधबोध को एक बैज की तरह ढोते हैं और अपनी सबसे बुरी गलतियों को टूटे हुए रिकॉर्ड की तरह दोहराते रहते हैं।

यीशु ने सिर्फ आपके पापों के लिए ही कीमत नहीं चुकाई - उसने आपकी शर्मिंदगी के लिए भी कीमत चुकाई।

शर्मनाक वैश्विक चेहरे

- **अफ्रीका** - बलात्कार, बांझपन, संतानहीनता या विवाह न कर पाने से संबंधित सांस्कृतिक वर्जनाएँ।

- **एशिया** - पारिवारिक अपेक्षाओं या धार्मिक दलबदल के कारण अपमान आधारित शर्म।
- **लैटिन अमेरिका** - गर्भपात, गुप्त संलिप्तता या पारिवारिक अपमान के कारण अपराधबोध।
- **यूरोप** - गुप्त पापों, दुर्व्यवहार या मानसिक स्वास्थ्य संघर्षों से छिपी शर्म।
- **उत्तरी अमेरिका** - नशे की लत, तलाक, पोर्नोग्राफी या पहचान संबंधी भ्रम के कारण शर्मिंदगी।

शर्म मौन में पनपती है - लेकिन यह ईश्वर के प्रेम के प्रकाश में मर जाती है।

सच्ची कहानी - गर्भपात के बाद एक नया नाम

अमेरिका की जैस्मीन ने मसीह में आने से पहले तीन बार गर्भपात करवाया था। हालाँकि वह बच गई थी, लेकिन वह खुद को माफ़ नहीं कर पा रही थी। हर मदर्स डे उसे एक अभिशाप सा लगता था। जब लोग बच्चों या पालन-पोषण की बात करते, तो उसे लगता कि कोई उसे अनदेखा कर रहा है—और उससे भी बदतर, खुद को अयोग्य। महिलाओं के एक रिट्रीट के दौरान, उसने यशायाह 61 का एक संदेश सुना—"शर्म की जगह, दुगना भाग।" वह रो पड़ी। उस रात, उसने अपने अजन्मे बच्चों को पत्र लिखे, प्रभु के सामने फिर से पश्चाताप किया, और उसे एक दर्शन मिला जिसमें यीशु उसे नए नाम दे रहे थे: *"प्रिय," "माँ," "पुनर्स्थापित।"*

अब वह गर्भपात के बाद की महिलाओं की सेवा करती है और उन्हें मसीह में अपनी पहचान पुनः प्राप्त करने में मदद करती है।

कार्य योजना - छाया से बाहर निकलें

1. **शर्म का नाम लिखें** - जो आप छिपा रहे हैं या जिसके बारे में आप दोषी महसूस कर रहे हैं, उसे जर्नल में लिखें।
2. **झूठ को स्वीकार करें** - उन आरोपों को लिखें जिन पर आपने विश्वास किया है (उदाहरण के लिए, "मैं गंदा हूँ," "मैं अयोग्य हूँ")।
3. **सत्य से प्रतिस्थापित करें** - अपने ऊपर परमेश्वर के वचन की ऊँची आवाज़ में घोषणा करें (नीचे पवित्रशास्त्र देखें)।
4. **भविष्यसूचक कार्य** - एक कागज़ पर "शर्म" शब्द लिखें, फिर उसे फाड़ दें या जला दें। घोषणा करें: *"मैं अब इससे बंधा नहीं हूँ!"*

पवित्रशास्त्र उपकरण

- *रोमियों 8:1–2* – मसीह में कोई दण्डाज्ञा नहीं
- *यशायाह 61:7* – लज्जा का दोगुना भाग
- *भजन 34:5* – उसकी उपस्थिति में तेज
- *इब्रानियों 4:16* – परमेश्वर के सिंहासन तक साहसपूर्वक पहुँच
- *सपन्याह 3:19–20* – परमेश्वर राष्ट्रों के बीच से लज्जा को दूर करता है

समूह आवेदन और मंत्रालय

- प्रतिभागियों को गुमनाम रूप से शर्मनाक बयान लिखने के लिए आमंत्रित करें (जैसे, "मैंने गर्भपात कराया था", "मेरे साथ दुर्व्यवहार किया गया था", "मैंने धोखाधड़ी की थी") और उन्हें एक सीलबंद बॉक्स में रख दें।

- यशायाह 61 को जोर से पढ़ें, फिर प्रार्थना करें कि परिवर्तन हो - शोक के स्थान पर आनन्द, राख के स्थान पर सुन्दरता, लज्जा के स्थान पर सम्मान।
- ऐसा आराधना संगीत बजाएं जो मसीह में पहचान पर जोर देता हो।
- उन व्यक्तियों के बारे में भविष्यवाणीपूर्ण शब्द बोलें जो जाने देने के लिए तैयार हैं।

मंत्रालय उपकरण:
- पहचान घोषणा पत्र
- अभिषेक तेल
- "यू से" (लॉरेन डेगल), "नो लॉन्गर स्लेव्स" या "हू यू से आई एम" जैसे गीतों के साथ आराधना प्लेलिस्ट

मुख्य अंतर्दृष्टि

शर्म एक चोर है। यह आपकी आवाज़, आपकी खुशी और आपका अधिकार चुरा लेती है। यीशु ने न सिर्फ़ आपके पापों को क्षमा किया, बल्कि शर्म से उसकी शक्ति भी छीन ली।

प्रतिबिंब पत्रिका

- शर्म की सबसे पुरानी याद मुझे क्या याद आती है?
- मैं अपने बारे में कौन सा झूठ मानता रहा हूँ?
- क्या मैं स्वयं को उसी रूप में देखने के लिए तैयार हूँ जिस रूप में परमेश्वर मुझे देखता है - स्वच्छ, उज्ज्वल और चुना हुआ?

उपचार की प्रार्थना

प्रभु यीशु, मैं अपनी शर्मिंदगी, अपना छिपा हुआ दर्द और निंदा की हर आवाज़ आपके सामने लाता हूँ। मैं अपने बारे में दुश्मन के झूठ से सहमत होने का पश्चाताप करता हूँ। मैं आपकी बातों पर विश्वास

करना चुनता हूँ—कि मुझे क्षमा किया गया है, प्रेम किया गया है, और नया बनाया गया है। मैं आपकी धार्मिकता का वस्त्र ग्रहण करता हूँ और स्वतंत्रता में कदम रखता हूँ। मैं शर्मिंदगी से बाहर निकलकर आपकी महिमा में प्रवेश करता हूँ। यीशु के नाम में, आमीन।

दिन 20: घरेलू जादू-टोना - जब अंधकार एक ही छत के नीचे रहता है

"हर दुश्मन बाहर नहीं होता। कुछ के चेहरे जाने-पहचाने होते हैं।"
"मनुष्य के शत्रु उसके अपने ही घराने के लोग होंगे।"
— *मत्ती 10:36*

कुछ सबसे भयंकर आध्यात्मिक युद्ध जंगलों या मंदिरों में नहीं लड़े जाते हैं - बल्कि शयन कक्षों, रसोईघरों और पारिवारिक वेदियों में लड़े जाते हैं।

घरेलू जादू-टोना से तात्पर्य ऐसे राक्षसी कार्यों से है जो किसी के परिवार के भीतर से उत्पन्न होते हैं - माता-पिता, जीवनसाथी, भाई-बहन, घर के कर्मचारी, या दूर के रिश्तेदार - ईर्ष्या, गुप्त अभ्यास, पैतृक वेदियों, या प्रत्यक्ष आध्यात्मिक हेरफेर के माध्यम से।

मुक्ति तब जटिल हो जाती है जब इसमें वे लोग शामिल होते हैं **जिन्हें हम प्यार करते हैं या जिनके साथ रहते हैं।**

घरेलू जादू-टोने के वैश्विक उदाहरण

- **अफ्रीका** - एक ईर्ष्यालु सौतेली माँ भोजन के माध्यम से श्राप भेजती है; एक भाई अपने अधिक सफल भाई के विरुद्ध आत्माओं को बुलाता है।
- **भारत और नेपाल** - माताएं जन्म के समय बच्चों को देवताओं को समर्पित करती हैं; घर में वेदियों का उपयोग भाग्य को नियंत्रित करने के लिए किया जाता है।

- **लैटिन अमेरिका** - ब्रुजेरिया या सैनटेरिया का अभ्यास रिश्तेदारों द्वारा जीवनसाथी या बच्चों को प्रभावित करने के लिए गुप्त रूप से किया जाता है।
- **यूरोप** - पारिवारिक वंशों में छिपी हुई फ्रीमेसनरी या गुप्त शपथें; मानसिक या आध्यात्मिक परंपराएं पीढ़ी दर पीढ़ी चली आ रही हैं।
- **उत्तरी अमेरिका** - विक्कन या नए युग के माता-पिता अपने बच्चों को क्रिस्टल, ऊर्जा शुद्धि या टैरो के साथ "आशीर्वाद" देते हैं।

ये शक्तियां पारिवारिक स्नेह के पीछे छिपी हो सकती हैं, लेकिन उनका लक्ष्य नियंत्रण, ठहराव, बीमारी और आध्यात्मिक बंधन है।

सच्ची कहानी - मेरे पिता, गाँव के पैगंबर

पश्चिम अफ्रीका की एक महिला ऐसे घर में पली-बढ़ी जहाँ उसके पिता एक बेहद सम्मानित गाँव के पैगंबर थे। बाहरी लोगों के लिए, वे एक आध्यात्मिक मार्गदर्शक थे। बंद दरवाज़ों के पीछे, वे घर के परिसर में ताबीज़ गाड़ देते थे और अनुग्रह या बदला लेने की चाह रखने वाले परिवारों के लिए बलिदान देते थे।

उसके जीवन में अजीबोगरीब घटनाएँ उभरने लगीं: बार-बार बुरे सपने आना, असफल रिश्ते और अकारण बीमारियाँ। जब उसने अपना जीवन मसीह को समर्पित कर दिया, तो उसके पिता उसके खिलाफ हो गए और कहने लगे कि उसकी मदद के बिना वह कभी सफल नहीं हो पाएगी। उसका जीवन वर्षों तक उथल-पुथल भरा रहा।

महीनों की आधी रात की प्रार्थना और उपवास के बाद, पवित्र आत्मा ने उसे अपने पिता के गुप्त वस्त्र से हर तरह का आत्मिक संबंध त्यागने के लिए प्रेरित किया। उसने अपनी दीवारों में धर्मग्रंथ गाड़ दिए, पुरानी निशानियाँ जला दीं, और रोज़ाना अपनी दहलीज़ पर तेल लगाया।

धीरे-धीरे, सफलताएँ मिलने लगीं: उसका स्वास्थ्य ठीक हो गया, उसके

सपने पूरे हुए, और आखिरकार उसकी शादी हो गई। अब वह घर की पूजा-अर्चना करने वाली दूसरी महिलाओं की मदद करती है।

कार्य योजना - परिचित भावना का सामना करना

1. **बिना अपमान के विवेक करें** - ईश्वर से प्रार्थना करें कि वह बिना घृणा के छिपी हुई शक्तियों को प्रकट करें।
2. **आत्मिक समझौतों को तोड़ें** - अनुष्ठानों, वेदियों या मौखिक शपथों के माध्यम से बनाए गए हर आध्यात्मिक बंधन को त्याग दें।
3. **आध्यात्मिक रूप से अलग होना** - भले ही आप एक ही घर में रहते हों, आप प्रार्थना के माध्यम से **आध्यात्मिक रूप से अलग हो सकते हैं।**
4. **अपने स्थान को पवित्र करें** - प्रत्येक कमरे, वस्तु और दहलीज को तेल और शास्त्र से अभिषेक करें।

पवित्रशास्त्र उपकरण

- *मीका 7:5–7* – पड़ोसी पर भरोसा मत करो
- *भजन संहिता 27:10* – "यद्यपि मेरे माता-पिता ने मुझे त्याग दिया है…"
- *लूका 14:26* – परिवार से ज़्यादा मसीह से प्रेम करना
- *2 राजा 11:1–3* – एक हत्यारी राजमाता से गुप्त छुटकारा
- *यशायाह 54:17* – कोई भी हथियार सफल नहीं होगा

समूह आवेदन

- उन अनुभवों को साझा करें जहां परिवार के भीतर से विरोध आया।
- घर के विरोध का सामना करने के लिए बुद्धि, साहस और प्रेम के लिए प्रार्थना करें।

- प्रत्येक आत्मिक बंधन या रिश्तेदारों द्वारा बोले गए शाप से त्याग की प्रार्थना करें।

मंत्रालय उपकरण:
- अभिषेक तेल
- क्षमा की घोषणाएँ
- वाचा मुक्ति प्रार्थनाएँ
- भजन 91 की प्रार्थना

मुख्य अंतर्दृष्टि
रक्त-रेखा एक आशीर्वाद या युद्धभूमि हो सकती है। आपको इसे छुड़ाने के लिए बुलाया गया है, न कि इसके द्वारा शासित होने के लिए।

प्रतिबिंब पत्रिका
- क्या मुझे कभी किसी करीबी से आध्यात्मिक प्रतिरोध का सामना करना पड़ा है?
- क्या ऐसा कोई व्यक्ति है जिसे मुझे क्षमा करना चाहिए - भले ही वह अभी भी जादू-टोना कर रहा हो?
- क्या मैं अलग रहने को तैयार हूं, भले ही इसके लिए मुझे अपने रिश्तों पर खर्च करना पड़े?

अलगाव और सुरक्षा की प्रार्थना
पिता, मैं स्वीकार करता हूँ कि सबसे बड़ा विरोध मेरे सबसे करीबी लोगों से ही आ सकता है। मैं अपने परिवार के हर सदस्य को, जो जाने-अनजाने मेरे भाग्य के विरुद्ध काम कर रहा है, क्षमा करता हूँ। मैं अपने परिवार के माध्यम से बनाए गए हर आत्मिक बंधन, अभिशाप और वाचा को तोड़ता हूँ जो आपके राज्य के अनुरूप नहीं है। यीशु के लहू से, मैं अपने घर को पवित्र करता हूँ और घोषणा करता हूँ: मैं और मेरा घर, हम प्रभु की सेवा करेंगे। आमीन।

दिन 21: ईज़ेबेल आत्मा - प्रलोभन, नियंत्रण और धार्मिक हेरफेर

"परन्तु मुझे तेरे विरुद्ध यह कहना है, कि तू उस स्त्री ईज़ेबेल को रहने देता है, जो अपने आप को भविष्यद्वक्तिन कहती है। वह अपनी शिक्षा से लोगों को भरमाती है..." — प्रकाशितवाक्य 2:20
"उसका अन्त अचानक और बिना किसी उपाय के आ जाएगा।" — नीतिवचन 6:15

कुछ आत्माएँ बाहर से चिल्लाती हैं।
ईज़ेबेल अंदर से फुसफुसाती है।
वह सिर्फ़ प्रलोभन नहीं देती—वह **हड़प लेती है, चालाकी करती है, भ्रष्ट करती है** , मंत्रालयों को चकनाचूर कर देती है, विवाहों का दम घोंट देती है, और राष्ट्रों को विद्रोह के बहकावे में डाल देती है।

ईज़ेबेल आत्मा क्या है?
ईज़ेबेल आत्मा:

- गुमराह करने के लिए भविष्यवाणी की नकल करता है
- नियंत्रण के लिए आकर्षण और प्रलोभन का उपयोग करता है
- सच्चे अधिकार से घृणा करता है और भविष्यद्वक्ताओं को चुप करा देता है
- झूठी विनम्रता के पीछे अभिमान को छुपाना
- अक्सर नेतृत्व या उसके करीबी लोगों से जुड़ा होता है

यह भावना **पुरुषों या महिलाओं के माध्यम से कार्य कर सकती है** , और यह वहां पनपती है जहां अनियंत्रित शक्ति, महत्वाकांक्षा या अस्वीकृति को ठीक नहीं किया जाता है।

वैश्विक अभिव्यक्तियाँ

- **अफ्रीका** - झूठी भविष्यवक्ताएं जो वेदियों में हेरफेर करती हैं और भय के साथ वफादारी की मांग करती हैं।
- **एशिया** - धार्मिक रहस्यवादी आध्यात्मिक मंडलियों पर प्रभुत्व स्थापित करने के लिए प्रलोभन को दर्शन के साथ मिलाते हैं।
- **यूरोप** - सशक्तीकरण के नाम पर नए युग की प्रथाओं में प्राचीन देवी पंथों को पुनर्जीवित किया गया।
- **लैटिन अमेरिका** - सैनटेरिया पुजारिनें "आध्यात्मिक सलाह" के माध्यम से परिवारों पर नियंत्रण रखती हैं।
- **उत्तरी अमेरिका** - सोशल मीडिया के प्रभावशाली लोग बाइबल की अधीनता, अधिकार या पवित्रता का मज़ाक उड़ाते हुए "दिव्य स्त्रीत्व" को बढ़ावा दे रहे हैं।

वास्तविक कहानी: *वेदी पर बैठी ईज़ेबेल*

एक कैरिबियाई देश में, ईश्वर के लिए प्रज्वलित एक चर्च धीरे-धीरे, धीरे-धीरे मंद पड़ने लगा। वह मध्यस्थता समूह जो कभी आधी रात की प्रार्थना के लिए इकट्ठा होता था, बिखरने लगा। युवा मंत्रालय बदनामी में फँस गया। चर्च में शादियाँ टूटने लगीं, और कभी जोशीला पादरी अनिर्णायक और आध्यात्मिक रूप से थका हुआ हो गया।

इस सब के केंद्र में एक महिला थीं - **सिस्टर आर।** सुंदर, करिश्माई और उदार, कई लोग उनकी प्रशंसा करते थे। उनके पास हमेशा "प्रभु का संदेश" और सबके भविष्य के बारे में एक सपना होता था। उन्होंने चर्च के प्रोजेक्ट्स में दिल खोलकर दान दिया और पादरी के करीब एक पद अर्जित किया।

पर्दे के पीछे, उसने चालाकी से **दूसरी महिलाओं की निंदा की** , एक कनिष्ठ पादरी को बहकाया और फूट के बीज बोए। उसने खुद को एक

आध्यात्मिक अधिकारी के रूप में स्थापित किया, जबकि वास्तविक नेतृत्व को चुपचाप कमज़ोर कर दिया।

एक रात, चर्च में एक किशोरी ने एक स्पष्ट सपना देखा—उसने देखा कि एक साँप मंच के नीचे कुंडली मारे बैठा है और माइक्रोफ़ोन में कुछ फुसफुसा रहा है। डर के मारे, उसने यह सपना अपनी माँ को बताया, जिन्होंने उसे पादरी के पास पहुँचाया।

नेतृत्व ने ईश्वर का मार्गदर्शन पाने के लिए **तीन दिन का उपवास रखने का फैसला किया**। तीसरे दिन, प्रार्थना सत्र के दौरान, सिस्टर आर का शरीर हिंसक रूप से प्रकट होने लगा। वह फुफकारने, चीखने-चिल्लाने लगी और दूसरों पर जादू-टोना करने का आरोप लगाने लगी। इसके बाद एक शक्तिशाली मुक्ति मिली, और उसने स्वीकार किया: उसे किशोरावस्था के उत्तरार्ध में एक आध्यात्मिक संघ में दीक्षित किया गया था, जिसका कार्य **चर्चों में घुसपैठ करके "उनकी अग्नि चुराना"** था। इससे पहले वह **पाँच चर्चों** में जा चुकी थी। उसका हथियार शोरगुल नहीं था - बल्कि **चापलूसी, प्रलोभन, भावनात्मक नियंत्रण** और भविष्यसूचक हेरफेर था।

आज, उस चर्च ने अपनी वेदी फिर से बना ली है। मंच को फिर से समर्पित कर दिया गया है। और वह युवा किशोरी? वह अब एक जोशीली प्रचारक है जो महिलाओं के प्रार्थना आंदोलन का नेतृत्व करती है।

कार्य योजना — ईज़ेबेल का सामना कैसे करें

1. किसी भी तरह से आपने हेरफेर, यौन नियंत्रण या आध्यात्मिक अभिमान के साथ सहयोग किया है, उसके लिए **पश्चाताप करें**।
2. **पहचानें** - चापलूसी, विद्रोह, प्रलोभन, झूठी भविष्यवाणी।

3. **आत्मिक बंधन** और अपवित्र गठबंधन तोड़ें - विशेष रूप से ऐसे किसी भी व्यक्ति के साथ जो आपको परमेश्वर की वाणी से दूर ले जाता है।
4. **अपने अधिकार का ऐलान करो** । ईज़ेबेल उनसे डरती है जो जानते हैं कि वे कौन हैं।

धर्मग्रंथ शस्त्रागार:

- 1 राजा 18–21 – ईज़ेबेल बनाम एलिय्याह
- प्रकाशितवाक्य 2:18–29 – थुआतीरा को मसीह की चेतावनी
- नीतिवचन 6:16–19 – परमेश्वर किससे घृणा करता है
- गलातियों 5:19–21 – शरीर के काम

समूह आवेदन

- चर्चा करें: क्या आपने कभी आध्यात्मिक हेरफेर देखा है? यह कैसे छिपता है?
- एक समूह के रूप में, चर्च, घर या नेतृत्व में ईज़ेबेल के लिए "कोई सहिष्णुता नहीं" नीति की घोषणा करें।
- यदि आवश्यक हो, तो उसके प्रभाव को समाप्त करने के लिए **मुक्ति प्रार्थना या उपवास करें।**
- किसी भी मंत्रालय या वेदी को पुनः समर्पित करें, जिसके साथ समझौता किया गया हो।

सेवकाई के साधन:

अभिषेक तेल का प्रयोग करें। पाप-स्वीकार और क्षमा के लिए जगह बनाएँ। ऐसे आराधना गीत गाएँ जो **यीशु के प्रभुत्व की घोषणा करते हों।**

मुख्य अंतर्दृष्टि

इज़ेबेल वहाँ फलती-फूलती है जहाँ **विवेक कम** और **सहनशीलता ज़्यादा होती है**। जब आध्यात्मिक अधिकार जागृत होता है, तो उसका शासन समाप्त हो जाता है।

प्रतिबिंब पत्रिका

- क्या मैंने हेरफेर को अपने ऊपर हावी होने दिया है?
- क्या ऐसे लोग या प्रभाव हैं जिन्हें मैंने परमेश्वर की आवाज़ से ऊपर उठाया है?
- क्या मैंने भय या नियंत्रण के कारण अपनी भविष्यवाणी की आवाज़ को बंद कर दिया है?

मुक्ति की प्रार्थना

प्रभु यीशु, मैं ईज़ेबेल आत्मा के साथ हर तरह के गठबंधन का त्याग करता हूँ। मैं प्रलोभन, नियंत्रण, झूठी भविष्यवाणी और चालाकी को अस्वीकार करता हूँ। मेरे हृदय को अभिमान, भय और समझौते से शुद्ध करें। मैं अपना अधिकार वापस लेता हूँ। ईज़ेबेल ने मेरे जीवन में जो भी वेदी बनाई है, उसे गिरा दिया जाए। मैं आपको, यीशु, अपने रिश्तों, बुलाहट और सेवकाई पर प्रभु के रूप में सिंहासनारूढ़ करता हूँ। मुझे विवेक और साहस से भर दीजिए। आपके नाम में, आमीन।

दिन 22: अजगर और प्रार्थनाएँ - संकुचन की भावना को तोड़ना

"एक बार जब हम प्रार्थना स्थल पर जा रहे थे, तो हमें एक दासी मिली जिसमें अजगर की आत्मा थी..." - प्रेरितों के काम 16:16

"तू सिंह और नाग को रौंदेगा..." - भजन संहिता 91:13

एक आत्मा है जो काटती नहीं - यह **निचोड़ती है**।

यह आपकी अग्नि का दम घोंट देती है। यह आपके प्रार्थना जीवन, आपकी सांस, आपकी आराधना, आपके अनुशासन के चारों ओर कुंडली मारकर बैठ जाती है - जब तक कि आप उस चीज़ को छोड़ना शुरू नहीं कर देते जिसने कभी आपको ताकत दी थी।

पायथन की आत्मा है - एक राक्षसी शक्ति जो **आध्यात्मिक विकास को बाधित करती है, भाग्य में देरी करती है, प्रार्थना का गला घोंटती है, और भविष्यवाणी को झुठलाती है।**

वैश्विक अभिव्यक्तियाँ

- **अफ्रीका** - अजगर आत्मा झूठी भविष्यवाणी शक्ति के रूप में प्रकट होती है, जो समुद्री और वन मंदिरों में कार्य करती है।
- **एशिया** - सर्प आत्माओं को देवताओं के रूप में पूजा जाता है जिन्हें भोजन कराना या प्रसन्न करना आवश्यक है।
- **लैटिन अमेरिका** - सैनटेरिया सर्पाकार वेदियों का उपयोग धन, वासना और शक्ति के लिए किया जाता है।
- **यूरोप** - जादू-टोना, भाग्य-कथन और मानसिक मंडलियों में सर्प प्रतीक।
- **उत्तरी अमेरिका** - विद्रोह और आध्यात्मिक भ्रम में निहित नकली "भविष्यसूचक" आवाजें।

गवाही: *वह लड़की जो साँस नहीं ले पा रही थी*

कोलंबिया की मारिसोल को हर बार प्रार्थना करने के लिए घुटनों के बल बैठने पर साँस लेने में तकलीफ होने लगी। उसकी छाती अकड़ जाती थी। उसके सपनों में साँपों के चित्र दिखाई देते थे, जो उसकी गर्दन में लिपटे हुए थे या उसके बिस्तर के नीचे आराम कर रहे थे। डॉक्टरों को कोई चिकित्सकीय समस्या नहीं मिली।

एक दिन, उसकी दादी ने कबूल किया कि बचपन में मैरीसोल को एक पहाड़ी आत्मा को "समर्पित" कर दिया गया था, जो साँप के रूप में प्रकट होती थी। यह एक **"रक्षक आत्मा"** थी, लेकिन इसकी एक कीमत थी।

एक मुक्ति सभा के दौरान, जब मैरीसोल पर हाथ रखे गए, तो वह ज़ोर-ज़ोर से चीखने लगी। उसने महसूस किया कि उसके पेट में, छाती के ऊपर, और फिर उसके मुँह से कुछ हवा की तरह बाहर निकल रहा है। उस मुलाक़ात के बाद, उसकी साँस फूलना बंद हो गई। उसके सपने बदल गए। वह प्रार्थना सभाओं का नेतृत्व करने लगी—वही चीज़ जिसे दुश्मन ने कभी उससे छीनने की कोशिश की थी।

संकेत कि आप पाइथन आत्मा के प्रभाव में हो सकते हैं

- जब भी आप प्रार्थना या पूजा करने का प्रयास करते हैं तो थकान और भारीपन महसूस होना
- भविष्यसूचक भ्रम या भ्रामक सपने
- लगातार घुटन, रुकावट या बंधे होने की भावना
- बिना किसी स्पष्ट कारण के अवसाद या निराशा
- आध्यात्मिक इच्छा या प्रेरणा का नुकसान

कार्य योजना - संकुचन को तोड़ना

1. किसी भी गुप्त, मानसिक या पैतृक संलिप्तता का **पश्चाताप करें ।**
2. **अपने शरीर और आत्मा को केवल परमेश्वर का ही घोषित करें।**
3. यशायाह 27:1 और भजन 91:13 का उपयोग करते हुए **उपवास और युद्ध ।**
4. **अपने गले, छाती और पैरों का अभिषेक करें** - बोलने, सांस लेने और सत्य में चलने की स्वतंत्रता का दावा करें।

उद्धार शास्त्र:

- प्रेरितों के काम 16:16–18 – पौलुस अजगर की आत्मा को निकालता है
- यशायाह 27:1 – परमेश्वर भागते हुए सर्प, लिब्यातान को दण्ड देता है
- भजन 91 – सुरक्षा और अधिकार
- लूका 10:19 – साँपों और बिच्छुओं को रौंदने की शक्ति

समूह आवेदन

- पूछें: हमारे प्रार्थना जीवन में क्या बाधा आ रही है - व्यक्तिगत और सामूहिक रूप से?
- सामूहिक श्वास प्रार्थना का नेतृत्व करें - प्रत्येक सदस्य पर **ईश्वर की श्वास** (रुआख) की घोषणा करें।
- आराधना और मध्यस्थता में हर झूठे भविष्यसूचक प्रभाव या सर्प जैसे दबाव को तोड़ें।

मंत्रालय के उपकरण: बांसुरी या श्वास यंत्रों के साथ आराधना, प्रतीकात्मक रूप से रस्सियों को काटना, श्वास की स्वतंत्रता के लिए प्रार्थना स्कार्फ।

मुख्य अंतर्दृष्टि

अजगर की आत्मा उस चीज़ का दम घोंट देती है जिसे परमेश्वर जन्म देना चाहता है। अपनी साँस और साहस वापस पाने के लिए इसका सामना करना होगा।

प्रतिबिंब पत्रिका

- आखिरी बार मैंने प्रार्थना में पूरी तरह स्वतंत्र कब महसूस किया था?
- क्या आध्यात्मिक थकान के ऐसे कोई लक्षण हैं जिन्हें मैं अनदेखा कर रहा हूँ?
- क्या मैंने अनजाने में ऐसी "आध्यात्मिक सलाह" स्वीकार कर ली है जिससे और अधिक उलझन पैदा हो गयी है?

मुक्ति की प्रार्थना

पिता, यीशु के नाम में, मैं अपने उद्देश्य का गला घोंटने वाली हर बाधा डालने वाली आत्मा को तोड़ता हूँ। मैं अजगर की आत्मा और सभी झूठी भविष्यवाणियों का त्याग करता हूँ। मैं आपकी आत्मा की साँस ग्रहण करता हूँ और घोषणा करता हूँ: मैं खुलकर साँस लूँगा, निडर होकर प्रार्थना करूँगा और सीधा चलूँगा। मेरे जीवन में लिपटे हर साँप को काटकर बाहर निकाल दिया गया है। मुझे अब मुक्ति मिल गई है। आमीन।

दिन 23: अधर्म के सिंहासन - क्षेत्रीय गढ़ों को ध्वस्त करना

"क्या अधर्म का सिंहासन जो व्यवस्था से बुरी युक्तियां निकालता है, तेरे साथ सहभागी होगा?" - भजन संहिता 94:20

"हमारा यह मल्लयुद्ध, लोहू और मांस से नहीं, परन्तु... अंधकार के हाकिमों से है..." - इफिसियों 6:12

अदृश्य **सिंहासन हैं** - जो शहरों, राष्ट्रों, परिवारों और प्रणालियों में स्थापित हैं - जहाँ शैतानी शक्तियां वाचाओं, विधान, मूर्तिपूजा और लंबे समय तक विद्रोह के माध्यम से **कानूनी रूप से शासन करती हैं।**
ये कोई बेतरतीब हमले नहीं हैं। ये **सिंहासनारूढ़ सत्ताएँ हैं**, जो ऐसी संरचनाओं में गहराई से जमी हैं जो पीढ़ी-दर-पीढ़ी बुराई को बढ़ावा देती हैं।

जब तक ये सिंहासन **आध्यात्मिक रूप से ध्वस्त नहीं हो जाते**, अंधकार का चक्र जारी रहेगा - चाहे सतही स्तर पर कितनी भी प्रार्थना की जाए।

वैश्विक गढ़ और सिंहासन

- **अफ्रीका** - शाही वंशों और पारंपरिक परिषदों में जादू-टोने का बोलबाला।
- **यूरोप** - धर्मनिरपेक्षता, फ्रीमेसनरी और वैध विद्रोह का सिंहासन।
- **एशिया** - पैतृक मंदिरों और राजनीतिक राजवंशों में मूर्तिपूजा का राज।
- **लैटिन अमेरिका** - नार्को-आतंक, मृत्यु पंथ और भ्रष्टाचार का केंद्र।

- **उत्तरी अमेरिका** - विकृति, गर्भपात और नस्लीय उत्पीड़न का केंद्र।

ये सिंहासन निर्णयों को प्रभावित करते हैं, सत्य को दबाते हैं, और **नियति को निगल जाते हैं** ।

गवाही: ***एक नगर पार्षद का उद्धार***

दक्षिणी अफ्रीका के एक शहर में, एक नवनिर्वाचित ईसाई पार्षद को पता चला कि उससे पहले सभी पदाधिकारी या तो पागल हो चुके थे, तलाकशुदा थे, या अचानक मर गए थे।
कई दिनों की प्रार्थना के बाद, प्रभु ने नगरपालिका भवन के नीचे गड़ा हुआ **रक्त-बलि का एक सिंहासन प्रकट किया** । एक स्थानीय द्रष्टा ने बहुत पहले क्षेत्रीय दावे के तहत वहाँ ताबीज़ लगाए थे।
पार्षद ने मध्यस्थों को इकट्ठा किया, उपवास रखा और आधी रात को परिषद कक्ष में पूजा-अर्चना की। तीन रातों तक, कर्मचारियों ने दीवारों में अजीबोगरीब चीखें और बिजली के टिमटिमाने की आवाज़ें सुनीं।
एक हफ़्ते के अंदर ही स्वीकारोक्ति शुरू हो गई। भ्रष्ट ठेकों का पर्दाफ़ाश हुआ और कुछ ही महीनों में सार्वजनिक सेवाओं में सुधार हुआ। राजगद्दी गिर चुकी थी।

कार्य योजना - अंधकार को उखाड़ फेंकना

1. **सिंहासन की पहचान करें** - प्रभु से प्रार्थना करें कि वह आपको आपके शहर, कार्यालय, वंश या क्षेत्र में प्रादेशिक गढ़ दिखाए।
2. **देश के लिए पश्चाताप करें** (दानिय्येल 9-शैली मध्यस्थता)।
3. **योजनाबद्ध तरीके से आराधना करें** - जब परमेश्वर की महिमा हावी हो जाती है तो सिंहासन ढह जाते हैं (देखें 2 इतिहास 20)।

4. उस क्षेत्र पर एकमात्र सच्चे राजा के रूप में **यीशु के नाम की घोषणा करें ।**

एंकर शास्त्र:
- भजन 94:20 – अधर्म के सिंहासन
- इफिसियों 6:12 – शासक और अधिकारी
- यशायाह 28:6 – युद्ध करनेवालों के लिए न्याय की आत्मा
- 2 राजा 23 – योशिय्याह ने मूर्तिपूजक वेदियों और सिंहासनों को नष्ट कर दिया

समूह सहभागिता
- अपने पड़ोस या शहर का "आध्यात्मिक मानचित्र" सत्र आयोजित करें।
- पूछें: यहाँ पाप, पीड़ा या उत्पीड़न के चक्र क्या हैं?
- प्रमुख प्रवेश द्वारों जैसे स्कूल, न्यायालय, बाजार आदि पर साप्ताहिक प्रार्थना करने के लिए 'चौकीदारों' की नियुक्ति करें।
- भजन 149:5–9 का उपयोग करते हुए आत्मिक शासकों के विरुद्ध समूह के आदेशों का नेतृत्व करें।

मंत्रालय उपकरण: शोफ़र, शहर के नक्शे, भूमि अभिषेक के लिए जैतून का तेल, प्रार्थना पैदल मार्गदर्शिका।

मुख्य अंतर्दृष्टि
यदि आप अपने शहर में परिवर्तन देखना चाहते हैं, तो **आपको व्यवस्था के पीछे के सिंहासन को चुनौती देनी होगी** - न कि केवल उसके सामने वाले चेहरे को।

प्रतिबिंब पत्रिका

- क्या मेरे शहर या परिवार में बार-बार ऐसी लड़ाइयां होती रहती हैं जो मुझे मुझसे बड़ी लगती हैं?
- क्या मुझे उस सिंहासन के विरुद्ध युद्ध विरासत में मिला है जिसे मैंने सिंहासनारूढ़ नहीं किया?
- प्रार्थना में किन "शासकों" को पद से हटाने की ज़रूरत है?

युद्ध की प्रार्थना

हे प्रभु, मेरे क्षेत्र पर राज करने वाले अधर्म के हर सिंहासन को बेनकाब करो। मैं यीशु के नाम को एकमात्र राजा घोषित करता हूँ। हर छिपी हुई वेदी, कानून, संधि, या अंधकार को लागू करने वाली शक्ति को आग से भस्म कर दो। मैं एक मध्यस्थ के रूप में अपना स्थान ग्रहण करता हूँ। मेमने के लहू और अपनी गवाही के वचन के द्वारा, मैं सिंहासनों को गिरा देता हूँ और मसीह को अपने घर, शहर और राष्ट्र पर सिंहासनारूढ़ करता हूँ। यीशु के नाम में। आमीन।

दिन 24: आत्मा के टुकड़े - जब आपके कुछ हिस्से गायब हों

"वह मेरे प्राण को बहाल कर देता है…" — भजन संहिता 23:3
"मैं तेरे घावों को चंगा करूंगा, यहोवा की यह वाणी है, क्योंकि तू निर्वासित कहलाता है…" — यिर्मयाह 30:17

आघात आत्मा को चकनाचूर कर देता है। दुर्व्यवहार। अस्वीकृति। विश्वासघात। अचानक भय। लंबे समय तक दु:ख। ये अनुभव सिर्फ़ यादें नहीं छोड़ते - ये **आपके भीतर के इंसान को तोड़ देते हैं**।
बहुत से लोग पूरे शरीर वाले दिखते हैं, लेकिन **खुद के कुछ हिस्से गायब रहते हैं**। उनकी खुशियाँ बिखरी हुई हैं। उनकी पहचान बिखरी हुई है। वे भावनात्मक समय-क्षेत्रों में फँसे हुए हैं—उनका एक हिस्सा दर्दनाक अतीत में फँसा है, जबकि शरीर आगे बढ़ता रहता है।
ये **आत्मा के टुकड़े हैं** - आपके भावनात्मक, मनोवैज्ञानिक और आध्यात्मिक स्व के हिस्से जो आघात, राक्षसी हस्तक्षेप या जादू टोना के कारण टूट गए हैं।
जब तक उन टुकड़ों को इकट्ठा नहीं किया जाता, चंगा नहीं किया जाता, और यीशु के माध्यम से पुन: एकीकृत नहीं किया जाता, तब तक **सच्ची स्वतंत्रता मायावी बनी रहेगी**।

वैश्विक आत्मा चोरी प्रथाएँ

- **अफ्रीका** - जादूगर लोगों के "सार" को जार या दर्पण में कैद कर लेते हैं।
- **एशिया** - गुरुओं या तांत्रिक साधकों द्वारा आत्मा को फंसाने के अनुष्ठान।

- **लैटिन अमेरिका** - नियंत्रण या शाप के लिए शैमानिक आत्मा विभाजन।
- **यूरोप** - गुप्त दर्पण जादू का उपयोग पहचान को खंडित करने या पक्षपात करने के लिए किया जाता है।
- **उत्तरी अमेरिका** - छेड़छाड़, गर्भपात या पहचान संबंधी भ्रम से उत्पन्न आघात अक्सर गहरे मानसिक घाव और विखंडन पैदा करता है।

कहानी: ***वह लड़की जो महसूस नहीं कर सकी***

स्पेन की 25 वर्षीय एंड्रिया ने अपने परिवार के एक सदस्य द्वारा वर्षों तक छेड़छाड़ सहन की थी। हालाँकि उसने यीशु को स्वीकार कर लिया था, फिर भी वह भावनात्मक रूप से सुन्न थी। वह न रो सकती थी, न प्यार कर सकती थी, न ही सहानुभूति महसूस कर सकती थी।
एक अतिथि पादरी ने उससे एक अजीब सवाल पूछा: "तुमने अपनी खुशी कहाँ छोड़ दी?" जैसे ही एंड्रिया ने अपनी आँखें बंद कीं, उसे याद आया कि वह 9 साल की थी, एक कोठरी में सिमटी हुई, और खुद से कह रही थी, "मैं फिर कभी ऐसा महसूस नहीं कर पाऊँगी।"
उन्होंने साथ मिलकर प्रार्थना की। एंड्रिया ने माफ़ कर दिया, अपनी आंतरिक प्रतिज्ञाएँ त्याग दीं और यीशु को उस ख़ास याद में आमंत्रित किया। वह बरसों बाद पहली बार बेकाबू होकर रोई। उस दिन, **उसकी आत्मा को शांति मिली** ।

कार्य योजना – आत्मा पुनर्प्राप्ति और उपचार

1. पवित्र आत्मा से पूछें: *मैंने अपना एक हिस्सा कहाँ खो दिया?*
2. उस क्षण में शामिल किसी भी व्यक्ति को क्षमा कर दें, और "मैं फिर कभी भरोसा नहीं करूंगा" जैसी **आंतरिक प्रतिज्ञाओं को त्याग दें ।**

3. यीशु को स्मृति में आमंत्रित करें, और उस क्षण में चंगाई की बात करें।
4. प्रार्थना करें: "हे प्रभु, मेरी आत्मा को पुनःस्थापित करें। मैं अपने हर अंश को वापस लौटने और पूर्ण बनने के लिए बुलाता हूँ।"

मुख्य धर्मग्रंथ:
- भजन संहिता 23:3 – वह प्राण को बहाल करता है
- लूका 4:18 – टूटे मनवालों को चंगा करना
- 1 थिस्सलुनीकियों 5:23 – आत्मा, प्राण और शरीर सुरक्षित
- यिर्मयाह 30:17 – बहिष्कृतों और घावों के लिए चंगाई

समूह आवेदन
- सदस्यों को निर्देशित **आंतरिक उपचार प्रार्थना सत्र के माध्यम से नेतृत्व प्रदान करें।**
- पूछें: *क्या आपके जीवन में ऐसे क्षण आए हैं जब आपने भरोसा करना, महसूस करना या सपने देखना बंद कर दिया?*
- यीशु के साथ "उस कमरे में वापस लौटने" और उन्हें घाव ठीक करते हुए देखने की भूमिका निभाएँ।
- विश्वसनीय नेताओं से कहें कि वे सिर पर धीरे से हाथ रखें और आत्मा की पुनर्स्थापना की घोषणा करें।

मंत्रालय उपकरण: आराधना संगीत, नरम प्रकाश, ऊतक, जर्नलिंग संकेत।

मुख्य अंतर्दृष्टि

मुक्ति का मतलब सिर्फ़ दुष्टात्माओं को बाहर निकालना नहीं है। इसका मतलब है **टूटे हुए टुकड़ों को इकट्ठा करना और पहचान बहाल करना।**

प्रतिबिंब पत्रिका

- कौन सी दर्दनाक घटनाएं आज भी मेरे सोचने या महसूस करने के तरीके को नियंत्रित करती हैं?
- क्या मैंने कभी कहा, "मैं फिर कभी प्यार नहीं करूंगा," या "मैं अब किसी पर भरोसा नहीं कर सकता"?
- मेरे लिए "संपूर्णता" कैसी दिखती है - और क्या मैं इसके लिए तैयार हूं?

पुनर्स्थापना की प्रार्थना

यीशु, आप मेरी आत्मा के चरवाहे हैं। मैं आपको हर उस जगह ले आता हूँ जहाँ मैं टूट गया हूँ—डर, शर्म, दर्द या विश्वासघात से। मैं आघात में बोले गए हर आंतरिक व्रत और श्राप को तोड़ता हूँ। मैं उन लोगों को क्षमा करता हूँ जिन्होंने मुझे चोट पहुँचाई है। अब, मैं अपनी आत्मा के हर हिस्से को वापस बुलाता हूँ। मुझे पूरी तरह से पुनर्स्थापित करें— आत्मा, प्राण और शरीर। मैं हमेशा के लिए टूटा नहीं हूँ। मैं आप में पूर्ण हूँ। यीशु के नाम में। आमीन।

दिन 25: अजीब बच्चों का अभिशाप - जब जन्म के समय नियति बदल जाती है

"उनके बच्चे अजीब बच्चे हैं: अब एक महीने में उन्हें उनके हिस्सों के साथ निगल लिया जाएगा।" - होशे 5:7

"गर्भ में तुम्हें बनाने से पहले मैंने तुम्हें जाना ..." - यिर्मयाह 1:5

किसी घर में पैदा हुआ हर बच्चा उस घर के लिए नहीं बना होता। आपका डीएनए लेकर आने वाला हर बच्चा आपकी विरासत लेकर नहीं आता।

शत्रु ने लंबे समय से **जन्म को युद्धभूमि के रूप में इस्तेमाल किया है** - नियति का आदान-प्रदान, नकली संतानों को जन्म देना, बच्चों को अंधकारमय अनुबंधों में शामिल करना, तथा गर्भधारण शुरू होने से पहले ही गर्भ के साथ छेड़छाड़ करना।

यह सिर्फ़ एक भौतिक मामला नहीं है। यह **एक आध्यात्मिक लेन-देन है**—जिसमें वेदियाँ, बलिदान और शैतानी क़ानून शामिल हैं।

अजीब बच्चे क्या हैं?

"अजीब बच्चे" हैं:

- गुप्त समर्पण, अनुष्ठानों या यौन अनुबंधों के माध्यम से पैदा हुए बच्चे।
- संतान जन्म के समय ही बदल जाती है (या तो आध्यात्मिक रूप से या शारीरिक रूप से)।
- बच्चे किसी परिवार या वंश में अंधकारपूर्ण कार्य लेकर आते हैं।
- जादू-टोना, भूत-विद्या या पीढ़ीगत वेदियों के माध्यम से गर्भ में कैद की गई आत्माएं।

कई बच्चे विद्रोह, नशे की लत, माता-पिता या स्वयं के प्रति घृणा में बड़े होते हैं - न केवल बुरे पालन-पोषण के कारण, बल्कि इस कारण भी कि **जन्म के समय आध्यात्मिक रूप से उन पर किसने दावा किया था**।

वैश्विक अभिव्यक्तियाँ

- **अफ्रीका** - अस्पतालों में आध्यात्मिक आदान-प्रदान, समुद्री आत्माओं या अनुष्ठानिक सेक्स के माध्यम से गर्भ प्रदूषण।
- **भारत** - बच्चों को जन्म से पहले ही मंदिरों में दीक्षा दे दी जाती है या कर्म-आधारित नियति निर्धारित कर दी जाती है।
- **हैती और लैटिन अमेरिका** - सैनटेरिया समर्पण, वेदियों पर या मंत्रों के बाद गर्भाधान किए गए बच्चे।
- **पश्चिमी राष्ट्र** - आईवीएफ और सरोगेसी प्रथाएं कभी-कभी गुप्त अनुबंधों या दाता वंश से जुड़ी होती हैं; गर्भपात जो आध्यात्मिक द्वार खुले रखते हैं।
- **विश्व भर में स्वदेशी संस्कृतियाँ** - आत्मा नामकरण समारोह या पहचान का कुलदेवता हस्तांतरण।

कहानी: *गलत आत्मा वाला बच्चा*

युगांडा की एक नर्स, क्लारा ने बताया कि कैसे एक महिला अपने नवजात शिशु को प्रार्थना सभा में लेकर आई। बच्चा लगातार चिल्ला रहा था, दूध लेने से इनकार कर रहा था, और प्रार्थना पर हिंसक प्रतिक्रिया दे रहा था।

एक भविष्यवाणी से पता चला कि जन्म के समय बच्चे की आत्मा "बदली" हो गई थी। माँ ने कबूल किया कि जब वह बच्चे के लिए बेताब थी, तब एक ओझा ने उसके पेट के लिए प्रार्थना की थी।

पश्चाताप और मुक्ति की तीव्र प्रार्थनाओं के कारण, बच्चा पहले तो शिथिल हुआ, फिर शांत हो गया। बाद में बच्चा स्वस्थ हो गया - और उसमें पुनः शांति और विकास के लक्षण दिखाई देने लगे।

बच्चों में सभी बीमारियाँ प्राकृतिक नहीं होतीं। कुछ तो **गर्भाधान से ही शुरू हो जाती हैं**।

कार्य योजना – गर्भ भाग्य को पुनः प्राप्त करना

1. यदि आप माता-पिता हैं, तो **अपने बच्चे को यीशु मसीह को समर्पित करें**।
2. जन्मपूर्व किसी भी प्रकार के श्राप, समर्पण या अनुबंध का त्याग करें - भले ही वे पूर्वजों द्वारा अनजाने में ही क्यों न किए गए हों।
3. प्रार्थना में सीधे अपने बच्चे की आत्मा से कहिए: *"तुम परमेश्वर के हो। तुम्हारा भाग्य पुनः स्थापित हो गया है।"*
4. यदि आप निःसंतान हैं, तो अपने गर्भ के लिए प्रार्थना करें, तथा सभी प्रकार के आध्यात्मिक हेरफेर या छेड़छाड़ को अस्वीकार करें।

मुख्य धर्मग्रंथ:

- होशे 9:11–16 – पराये वंश पर न्याय
- यशायाह 49:25 – अपने बच्चों के लिए संघर्ष करना
- लूका 1:41 – गर्भ से ही आत्मा से परिपूर्ण बच्चे
- भजन संहिता 139:13–16 – गर्भ में परमेश्वर की जानबूझकर की गई रचना

समूह सहभागिता

- माता-पिता से अपने बच्चों के नाम या फोटो लाने को कहें।
- हर नाम पर घोषणा करें: "आपके बच्चे की पहचान बहाल कर दी गई है। हर अजनबी हाथ काट दिया गया है।"

- सभी महिलाओं (और पुरुषों, जो बीज के आध्यात्मिक वाहक हैं) के लिए आध्यात्मिक गर्भ शुद्धि के लिए प्रार्थना करें।
- रक्त-वंशीय भाग्य को पुनः प्राप्त करने के प्रतीक के रूप में भोज का प्रयोग करें।

मंत्रालय उपकरण: प्रभु-भोज, अभिषेक तेल, मुद्रित नाम या शिशु वस्तुएं (वैकल्पिक)।

मुख्य अंतर्दृष्टि

शैतान गर्भ को निशाना बनाता है क्योंकि **यहीं पर भविष्यद्वक्ता, योद्धा और नियति का निर्माण होता है** । लेकिन हर बच्चे को मसीह के द्वारा पुनः प्राप्त किया जा सकता है।

प्रतिबिंब पत्रिका

- क्या मुझे गर्भावस्था के दौरान या जन्म के बाद कभी अजीब सपने आए हैं?
- क्या मेरे बच्चे ऐसे तरीकों से संघर्ष कर रहे हैं जो अस्वाभाविक लगते हैं?
- क्या मैं पीढ़ीगत विद्रोह या देरी के आध्यात्मिक मूल का सामना करने के लिए तैयार हूं?

पुनर्ग्रहण की प्रार्थना

पिता, मैं अपनी कोख, अपना वंश और अपनी संतान आपकी वेदी पर लाती हूँ। मैं हर उस द्वार के लिए पश्चाताप करती हूँ - चाहे वह ज्ञात हो या अज्ञात - जिसने शत्रु को प्रवेश दिया। मैं अपने बच्चों से जुड़े हर श्राप, समर्पण और शैतानी कार्य को तोड़ती हूँ। मैं उनके लिए बोलती हूँ: आप पवित्र हैं, चुने हुए हैं, और परमेश्वर की महिमा के लिए मुहरबंद हैं। आपका भाग्य मुक्त हो गया है। यीशु के नाम में। आमीन।

दिन 26: शक्ति की छिपी हुई वेदियाँ - कुलीन गुप्त वाचाओं से मुक्ति

फिर शैतान उसे एक बहुत ऊँचे पहाड़ पर ले गया और सारे जगत के राज्य और उसका विभव दिखाकर कहा, 'यदि तू गिरकर मुझे प्रणाम करे, तो मैं यह सब कुछ तुझे दे दूँगा।'" — मत्ती 4:8–9

कई लोग सोचते हैं कि शैतानी शक्ति केवल गुप्त अनुष्ठानों या अँधेरे गाँवों में ही पाई जाती है। लेकिन कुछ सबसे खतरनाक वाचाएँ चमकदार सूट, कुलीन क्लबों और बहु-पीढ़ीगत प्रभाव के पीछे छिपी होती हैं।

ये **शक्ति की वेदियाँ हैं** —रक्त की शपथों, दीक्षाओं, गुप्त प्रतीकों और मौखिक प्रतिज्ञाओं से निर्मित, जो व्यक्तियों, परिवारों और यहाँ तक कि पूरे राष्ट्रों को लूसिफ़र के प्रभुत्व से बाँधती हैं। फ्रीमेसनरी से लेकर कबालीवादी रीति-रिवाजों तक, पूर्वी तारा दीक्षाओं से लेकर प्राचीन मिस्र और बेबीलोन के रहस्य विद्यालयों तक—ये ज्ञानोदय का वादा तो करती हैं, लेकिन बंधन भी देती हैं।

वैश्विक कनेक्शन

- **यूरोप और उत्तरी अमेरिका** - फ्रीमेसनरी, रोज़ीक्रूसियनिज़्म, ऑर्डर ऑफ़ द गोल्डन डॉन, स्कल एंड बोन्स, बोहेमियन ग्रोव, कबला दीक्षाएँ।
- **अफ्रीका** - राजनीतिक रक्त समझौते, शासन के लिए पैतृक आत्मा सौदेबाजी, उच्च स्तरीय जादू टोना गठबंधन।
- **एशिया** - प्रबुद्ध समाज, ड्रैगन आत्मा संधियाँ, प्राचीन जादू-टोने से जुड़े वंश वंश।

- **लैटिन अमेरिका** - राजनीतिक सैनटेरिया, कार्टेल से जुड़े अनुष्ठान संरक्षण, सफलता और प्रतिरक्षा के लिए किए गए समझौते।
- **मध्य पूर्व** - प्राचीन बेबीलोनियन, असीरियन रीति-रिवाज धार्मिक या शाही आड़ में आगे बढ़ाए जाते थे।

गवाही - एक फ्रीमेसन के पोते को मिली आज़ादी

अर्जेंटीना के एक प्रभावशाली परिवार में पले-बढ़े कार्लोस को कभी पता ही नहीं चला कि उनके दादा फ्रीमेसनरी की 33वीं डिग्री तक पहुँच चुके हैं। उनके जीवन में अजीबोगरीब लक्षण दिखाई देने लगे थे—नींद का पक्षाघात, रिश्तों में दरार, और चाहे कितनी भी कोशिश कर लें, प्रगति करने में लगातार असमर्थता।

एक मुक्ति-शिक्षण में भाग लेने के बाद, जिसने कुलीन तंत्र-मंत्र के संबंधों को उजागर किया, उसने अपने पारिवारिक इतिहास का सामना किया और मेसोनिक राजचिह्नों और गुप्त पत्रिकाओं को पाया। आधी रात के उपवास के दौरान, उसने रक्त से जुड़ी हर वाचा को त्याग दिया और मसीह में स्वतंत्रता की घोषणा की। उसी सप्ताह, उसे वह नौकरी मिली जिसका वह वर्षों से इंतज़ार कर रहा था।

उच्च-स्तरीय वेदियाँ उच्च-स्तरीय विरोध उत्पन्न करती हैं - लेकिन **यीशु का लहू** किसी भी शपथ या अनुष्ठान से अधिक जोर से बोलता है।

कार्य योजना - छिपे हुए लॉज का पर्दाफाश

1. **जांच करें**: क्या आपके वंश में मेसोनिक, गूढ़, या गुप्त संबंध हैं?
2. मत्ती 10:26-28 पर आधारित घोषणाओं का उपयोग करते हुए प्रत्येक ज्ञात और अज्ञात वाचा को **त्याग दें।**

3. **जला दें या हटा दें** : पिरामिड, सर्वदर्शी नेत्र, कंपास, ओबिलिस्क, अंगूठियां, या वस्त्र।
4. **जोर से प्रार्थना करें** :

"मैं गुप्त समाजों, प्रकाश पंथों और झूठे भाईचारों के साथ हर गुप्त समझौते को तोड़ता हूँ। मैं केवल प्रभु यीशु मसीह की सेवा करता हूँ।"

समूह आवेदन

- सदस्यों से किसी भी ज्ञात या संदिग्ध अभिजात वर्गीय गुप्त संबंधों के बारे में लिखवाएं।
- **प्रतीकात्मक रूप से संबंध तोड़ने का कार्य** करें - कागज फाड़ें, चित्र जलाएं, या अलगाव की मुहर के रूप में अपने माथे पर मलें।
- **भजन** 2 का उपयोग प्रभु के अभिषिक्त के विरुद्ध राष्ट्रीय और पारिवारिक षड्यंत्रों के टूटने की घोषणा करने के लिए करें।

मुख्य अंतर्दृष्टि

शैतान की सबसे बड़ी पकड़ अक्सर गोपनीयता और प्रतिष्ठा से ढकी होती है। सच्ची आज़ादी तब शुरू होती है जब आप उन वेदियों को उजागर करते हैं, त्यागते हैं और उन्हें आराधना और सत्य से हटा देते हैं।

प्रतिबिंब पत्रिका

- क्या मुझे विरासत में धन, शक्ति या अवसर मिले हैं जो आध्यात्मिक रूप से "अनुचित" हैं?
- क्या मेरे पूर्वजों में ऐसे गुप्त संबंध हैं जिन्हें मैंने अनदेखा कर दिया है?
- सत्ता तक अधर्मी पहुंच को समाप्त करने के लिए मुझे क्या कीमत चुकानी पड़ेगी - और क्या मैं इसके लिए तैयार हूं?

मुक्ति की प्रार्थना

पिता, मैं हर छिपे हुए घर, वेदी और समझौते से बाहर आता हूँ—अपने नाम से या अपने वंश की ओर से। मैं हर आत्मिक बंधन, हर रक्त संबंध और जाने-अनजाने में ली गई हर शपथ को तोड़ता हूँ। यीशु, आप ही मेरा एकमात्र प्रकाश, मेरा एकमात्र सत्य और मेरा एकमात्र आवरण हैं। आपकी अग्नि शक्ति, प्रभाव या धोखे से जुड़े हर अधर्मी बंधन को भस्म कर दे। यीशु के नाम में, मुझे पूर्ण स्वतंत्रता प्राप्त होती है। आमीन।

दिन 27: अपवित्र गठबंधन - फ्रीमेसनरी, इलुमिनाती और आध्यात्मिक घुसपैठ

"अन्धकार के निष्फल कामों में हाथ न डालो, परन्तु उनका पर्दाफ़ाश करो।" — इफिसियों 5:11
"तुम प्रभु के कटोरे और दुष्टात्माओं के कटोरे दोनों में से नहीं पी सकते।" — 1 कुरिन्थियों 10:21

ऐसे गुप्त समाज और वैश्विक नेटवर्क हैं जो खुद को हानिरहित भ्रातृ संगठनों के रूप में प्रस्तुत करते हैं—दान, संबंध या ज्ञानोदय का वादा करते हैं। लेकिन पर्दे के पीछे गहरी शपथें, रक्त संबंध, आत्मिक संबंध और "प्रकाश" में लिपटे लूसिफ़ेरियन सिद्धांत की परतें छिपी हैं। फ्रीमेसनरी, इल्लुमिनाटी, ईस्टर्न स्टार, स्कल एंड बोन्स और उनके सहयोगी नेटवर्क सिर्फ़ सामाजिक क्लब नहीं हैं। ये निष्ठा की वेदियाँ हैं—कुछ तो सदियों पुरानी हैं—जिन्हें परिवारों, सरकारों और यहाँ तक कि चर्चों में आध्यात्मिक रूप से घुसपैठ करने के लिए डिज़ाइन किया गया है।

वैश्विक पदचिह्न

- **उत्तरी अमेरिका और यूरोप** - फ्रीमेसनरी मंदिर, स्कॉटिश रीट लॉज, येल की खोपड़ी और हड्डियां।
- **अफ्रीका** - राजमिस्त्री संस्कारों के साथ राजनीतिक और शाही दीक्षा, सुरक्षा या शक्ति के लिए रक्त समझौते।
- **एशिया** - रहस्यवादी ज्ञानोदय, गुप्त मठवासी अनुष्ठानों के रूप में प्रच्छन्न कबला स्कूल।
- **लैटिन अमेरिका** - छुपे हुए कुलीन आदेश, सैंटेरिया का कुलीन प्रभाव और रक्त संधियों के साथ विलय।

- **मध्य पूर्व** - प्राचीन बेबीलोन के गुप्त समाज सत्ता संरचनाओं और झूठी प्रकाश पूजा से बंधे थे।

ये नेटवर्क अक्सर:

- रक्त या मौखिक शपथ की आवश्यकता है।
- गुप्त प्रतीकों (कम्पास, पिरामिड, आंखें) का प्रयोग करें।
- किसी आदेश के लिए अपनी आत्मा का आह्वान या समर्पण करने के लिए समारोह आयोजित करना।
- आध्यात्मिक नियंत्रण के बदले में प्रभाव या धन प्रदान करें।

गवाही – एक बिशप का स्वीकारोक्ति

पूर्वी अफ्रीका के एक बिशप ने अपने चर्च के सामने कबूल किया कि उन्होंने विश्वविद्यालय के दौरान एक बार फ्रीमेसनरी में एक छोटे स्तर पर प्रवेश लिया था—सिर्फ़ "संबंध" बनाने के लिए। लेकिन जैसे-जैसे वे आगे बढ़े, उन्हें अजीबोगरीब ज़रूरतें नज़र आने लगीं: मौन की शपथ, आँखों पर पट्टी और प्रतीकों वाले समारोह, और एक "प्रकाश" जिसने उनके प्रार्थना जीवन को ठंडा कर दिया। उन्होंने सपने देखना बंद कर दिया। वे पवित्रशास्त्र नहीं पढ़ सकते थे।

पश्चाताप करने और सार्वजनिक रूप से हर पद और प्रतिज्ञा का खंडन करने के बाद, आध्यात्मिक कोहरा छँट गया। आज, वह निर्भीकता से मसीह का प्रचार करता है, और उन बातों का पर्दाफ़ाश करता है जिनमें वह कभी शामिल था। ज़ंजीरें अदृश्य थीं—जब तक कि वे टूट नहीं गईं।

कार्य योजना - फ्रीमेसनरी और गुप्त समाज के प्रभाव को तोड़ना

1. फ्रीमेसनरी, रोज़ीक्रूसियनवाद, कबला, स्कल एंड बोन्स या इसी तरह के गुप्त आदेशों के साथ किसी भी व्यक्तिगत या पारिवारिक संलिप्तता की **पहचान करें**।
2. **दीक्षा के प्रत्येक स्तर या डिग्री का त्याग करें**, 1 से 33 या उससे भी अधिक, जिसमें सभी अनुष्ठान, प्रतीक और शपथ शामिल हैं। (आपको ऑनलाइन निर्देशित मुक्ति त्याग मिल सकते हैं।)
3. **अधिकार के साथ प्रार्थना करें**:

"मैं हर आत्मिक बंधन, रक्त-बंधन, और गुप्त समाजों से की गई शपथ को तोड़ता हूँ - चाहे वह मेरे द्वारा की गई हो या मेरी ओर से। मैं अपनी आत्मा को यीशु मसीह के लिए पुनः प्राप्त करता हूँ।"

4. **प्रतीकात्मक वस्तुओं को नष्ट करें**: राजचिह्न, पुस्तकें, प्रमाण पत्र, अंगूठियां, या फ्रेमयुक्त चित्र।
5. **की घोषणा करें**:
    - *गलातियों 5:1*
    - *भजन संहिता 2:1–6*
    - *यशायाह 28:15–18*

समूह आवेदन

- समूह से कहें कि वे अपनी आंखें बंद कर लें और पवित्र आत्मा से कहें कि वह किसी भी गुप्त संबंध या पारिवारिक संबंधों को प्रकट करे।
- कॉर्पोरेट त्याग: कुलीन आदेशों के साथ हर ज्ञात या अज्ञात संबंध की निंदा करने के लिए प्रार्थना करें।
- प्रभु-भोज का उपयोग विच्छेद को सील करने और मसीह के साथ वाचाओं को पुनः संरेखित करने के लिए करें।
- सिर और हाथों का अभिषेक करें - मन की स्पष्टता और पवित्र कार्यों को बहाल करें।

मुख्य अंतर्दृष्टि

जिसे दुनिया "कुलीन" कहती है, उसे परमेश्वर घृणित कह सकता है। हर प्रभाव पवित्र नहीं होता—और हर प्रकाश प्रकाश नहीं होता। आध्यात्मिक शपथों के मामले में हानिरहित गोपनीयता जैसी कोई चीज़ नहीं होती।

प्रतिबिंब पत्रिका

- क्या मैं गुप्त आदेशों या रहस्यमय ज्ञान समूहों का हिस्सा रहा हूं या उनके बारे में जानने को उत्सुक हूं?
- क्या मेरे विश्वास में आध्यात्मिक अंधता, ठहराव या ठण्डेपन का कोई प्रमाण है?
- क्या मुझे पारिवारिक समस्याओं का सामना साहस और शालीनता के साथ करना चाहिए?

स्वतंत्रता की प्रार्थना

प्रभु यीशु, मैं आपके सामने एकमात्र सच्चे प्रकाश के रूप में आता हूँ। मैं हर बंधन, हर शपथ, हर झूठे प्रकाश और हर उस गुप्त व्यवस्था का त्याग करता हूँ जो मुझ पर कब्ज़ा करती है। मैं फ़्रीमेसनरी, गुप्त समाजों, प्राचीन भाईचारों और अंधकार से जुड़े हर आध्यात्मिक बंधन को तोड़ देता हूँ। मैं घोषणा करता हूँ कि मैं केवल यीशु के लहू के अधीन हूँ—मुहरबंद, मुक्त और स्वतंत्र। आपकी आत्मा इन वाचाओं के सभी अवशेषों को जला दे। यीशु के नाम में, आमीन।

दिन 28: कबाला, ऊर्जा ग्रिड और रहस्यमय "प्रकाश" का आकर्षण

"क्योंकि शैतान आप भी ज्योतिर्मय स्वर्गदूत का रूप धारण करता है।"
—2 कुरिन्थियों 11:14

"जो ज्योति तुम में है, वह अन्धकार है, वह अन्धकार कितना गहरा है!"
—लूका 11:35

आध्यात्मिक ज्ञानोदय से ओतप्रोत इस युग में, कई लोग अनजाने में ही प्राचीन कबाली प्रथाओं, ऊर्जा उपचार और रहस्यमय प्रकाश की शिक्षाओं में डूब रहे हैं, जो गुप्त सिद्धांतों पर आधारित हैं। ये शिक्षाएँ अक्सर "ईसाई रहस्यवाद", "यहूदी ज्ञान" या "विज्ञान-आधारित आध्यात्मिकता" का जामा पहनाती हैं - लेकिन इनका उद्गम बेबीलोन से है, सिय्योन से नहीं।

कबला सिर्फ़ एक यहूदी दार्शनिक प्रणाली नहीं है; यह गुप्त संहिताओं, दिव्य उद्गमों (सेफिरोट) और गूढ़ मार्गों पर आधारित एक आध्यात्मिक ढाँचा है। यह टैरो, अंकशास्त्र, राशि चक्र पोर्टल और नए युग के ग्रिड के पीछे छिपा वही मोहक छल है।

कई मशहूर हस्तियां, प्रभावशाली व्यक्ति और व्यवसायी लाल धागे पहनते हैं, क्रिस्टल ऊर्जा के साथ ध्यान करते हैं, या ज़ोहर का पालन करते हैं, बिना यह जाने कि वे आध्यात्मिक जाल की एक अदृश्य प्रणाली में भाग ले रहे हैं।

वैश्विक उलझनें

- **उत्तरी अमेरिका** - कल्याणकारी स्थानों के रूप में प्रच्छन्न कबला केंद्र; निर्देशित ऊर्जा ध्यान।

- **यूरोप** - ड्रूइडिक कबला और गूढ़ ईसाई धर्म गुप्त आदेशों में पढ़ाया जाता था।
- **अफ्रीका** - समृद्धि पंथ शास्त्र को अंकशास्त्र और ऊर्जा पोर्टल के साथ मिला रहे हैं।
- **एशिया** - चक्र उपचार को सार्वभौमिक कोड के साथ संरेखित "प्रकाश सक्रियण" के रूप में पुनः ब्रांडेड किया गया।
- **लैटिन अमेरिका** - रहस्यवादी कैथोलिक धर्म में संतों का कबालीवादी महादूतों के साथ मिश्रण।

यह झूठे प्रकाश का प्रलोभन है - जहां ज्ञान ईश्वर बन जाता है और प्रकाश कारागार बन जाता है।

वास्तविक गवाही - "प्रकाश जाल" से बचना

दक्षिण अमेरिकी बिज़नेस कोच, मैरिसोल को लगा कि उसने अंकशास्त्र और एक कबाली गुरु से "दिव्य ऊर्जा प्रवाह" के ज़रिए सच्चा ज्ञान प्राप्त कर लिया है। उसके सपने जीवंत हो गए, उसकी दृष्टि तीक्ष्ण हो गई। लेकिन उसकी शांति? चली गई। उसके रिश्ते? बिखर गए। रोज़ाना "प्रकाश प्रार्थना" करने के बावजूद, वह नींद में खुद को परछाइयों से सताती हुई पाती थी। एक दोस्त ने उसे एक पूर्व रहस्यदर्शी की वीडियो गवाही भेजी, जिसका यीशु से सामना हुआ था। उस रात, मैरिसोल ने यीशु को पुकारा। उसने एक चकाचौंध करने वाली सफ़ेद रोशनी देखी—रहस्यमयी नहीं, बल्कि शुद्ध। शांति लौट आई। उसने अपनी सारी सामग्री नष्ट कर दी और अपनी मुक्ति यात्रा शुरू कर दी। आज, वह आध्यात्मिक धोखे में फँसी महिलाओं के लिए एक मसीह-केंद्रित मार्गदर्शन मंच चलाती है।

कार्य योजना – झूठी रोशनी का त्याग

1. **ऑडिट करें** : क्या आपने रहस्यवादी पुस्तकें पढ़ी हैं, ऊर्जा उपचार का अभ्यास किया है, कुंडली देखी है, या लाल धागे पहने हैं?
2. मसीह के बाहर प्रकाश की खोज करने के लिए **पश्चाताप करें।**
3. इनसे **नाता तोड़ें :**
    - कबला/ज़ोहर शिक्षाएँ
    - ऊर्जा चिकित्सा या प्रकाश सक्रियण
    - देवदूत आह्वान या नाम डिकोडिंग
    - पवित्र ज्यामिति, अंकशास्त्र, या "कोड"
4. **जोर से प्रार्थना करें** :

"यीशु, आप जगत के प्रकाश हैं। मैं हर झूठे प्रकाश, हर गुप्त शिक्षा और हर रहस्यमय जाल का त्याग करता हूँ। मैं सत्य के अपने एकमात्र स्रोत के रूप में आपकी ओर लौटता हूँ।"

5. **घोषित करने के लिए शास्त्र** :
    - यूहन्ना 8:12
    - व्यवस्थाविवरण 18:10–12
    - यशायाह 2:6
    - 2 कुरिन्थियों 11:13–15

समूह आवेदन

- पूछें: क्या आपने (या आपके परिवार ने) कभी न्यू एज, अंकशास्त्र, कबला, या रहस्यमय "प्रकाश" शिक्षाओं में भाग लिया है या उनके संपर्क में आए हैं?
- झूठे प्रकाश का सामूहिक त्याग और यीशु को एकमात्र प्रकाश के रूप में पुनः समर्पित करना।
- नमक और प्रकाश की कल्पना का प्रयोग करें - प्रत्येक भागीदार को एक चुटकी नमक और एक मोमबत्ती दें, जिससे

वे घोषणा कर सकें, "मैं केवल मसीह में नमक और प्रकाश हूँ।"

मुख्य अंतर्दृष्टि

सारा प्रकाश पवित्र नहीं होता। मसीह के बाहर जो प्रकाशित होता है, वह अंततः भस्म कर देगा।

प्रतिबिंब पत्रिका

- क्या मैंने परमेश्वर के वचन के बाहर ज्ञान, सामर्थ्य या उपचार की खोज की है?
- मुझे किन आध्यात्मिक साधनों या शिक्षाओं से छुटकारा पाना होगा?
- क्या ऐसा कोई व्यक्ति है जिसे मैंने नए युग या "प्रकाश" प्रथाओं से परिचित कराया है और अब मुझे उसे मार्गदर्शन देने की आवश्यकता है?

मुक्ति की प्रार्थना

पिता, मैं झूठे प्रकाश, रहस्यवाद और गुप्त ज्ञान की हर आत्मा के साथ सहमति से बाहर आता हूँ। मैं कबला, अंकशास्त्र, पवित्र ज्यामिति और प्रकाश के रूप में प्रस्तुत होने वाले हर अंधकारमय नियम का त्याग करता हूँ। मैं घोषणा करता हूँ कि यीशु मेरे जीवन का प्रकाश हैं। मैं धोखे के मार्ग से हटकर सत्य की ओर कदम बढ़ाता हूँ। मुझे अपनी अग्नि से शुद्ध करें और मुझे पवित्र आत्मा से भर दें। यीशु के नाम में। आमीन।

दिन 29: इल्युमिनाती का पर्दा - कुलीन गुप्त नेटवर्कों का पर्दाफाश

"यहोवा और उसके अभिषिक्त के विरुद्ध पृथ्वी के राजा खड़े होते हैं, और हाकिम इकट्ठे होते हैं।" —भजन संहिता 2:2

"कुछ छिपा नहीं, जो प्रगट न किया जाएगा; और न कुछ गुप्त है, जो प्रगट न किया जाएगा।" —लूका 8:17

हमारी दुनिया के भीतर एक दुनिया है। साफ़ नज़रों से ओझल। हॉलीवुड से लेकर उच्च वित्तीय संस्थानों तक, राजनीतिक गलियारों से लेकर संगीत साम्राज्यों तक, अँधेरे गठबंधनों और आध्यात्मिक अनुबंधों का एक जाल उन व्यवस्थाओं को नियंत्रित करता है जो संस्कृति, विचार और सत्ता को आकार देती हैं। यह सिर्फ़ एक साज़िश नहीं है - यह आधुनिक रंगमंच के लिए नए सिरे से तैयार किया गया एक प्राचीन विद्रोह है।

इल्लुमिनाति, अपने मूल में, सिर्फ़ एक गुप्त समाज नहीं है - यह एक लूसिफ़ेरियन एजेंडा है। एक आध्यात्मिक पिरामिड जहाँ शीर्ष पर बैठे लोग रक्त, अनुष्ठान और आत्मा के आदान-प्रदान के ज़रिए निष्ठा की प्रतिज्ञा करते हैं, जिसे अक्सर प्रतीकों, फ़ैशन और पॉप संस्कृति में लपेटकर जनता को प्रभावित किया जाता है।

यह व्यामोह की बात नहीं है। यह जागरूकता की बात है।

सच्ची कहानी - प्रसिद्धि से विश्वास तक का सफ़र

मार्कस अमेरिका में एक उभरते हुए संगीत निर्माता थे। जब उनकी तीसरी बड़ी हिट चार्ट पर छा गई, तो उन्हें एक विशिष्ट क्लब से परिचित कराया गया—शक्तिशाली पुरुष और महिलाएं, आध्यात्मिक

"गुरु", और गोपनीयता से ओतप्रोत अनुबंध। शुरुआत में, यह एक विशिष्ट मार्गदर्शन जैसा लगा। फिर "आह्वान" सत्र शुरू हुए—अंधेरे कमरे, लाल बत्तियाँ, मंत्रोच्चार और दर्पण अनुष्ठान। उन्हें शरीर से बाहर की यात्राएँ, रात में फुसफुसाती आवाज़ें महसूस होने लगीं।

एक रात, नशे और यातना के बोझ तले दबे, उसने अपनी जान लेने की कोशिश की। लेकिन यीशु ने बीच बचाव किया। एक प्रार्थनारत दादी की मध्यस्थता ने उसे बचा लिया। वह भाग गया, व्यवस्था का त्याग किया, और मुक्ति की एक लंबी यात्रा शुरू की। आज, वह प्रकाश की गवाही देने वाले संगीत के माध्यम से उद्योग के अंधकार को उजागर करता है।

नियंत्रण की छिपी प्रणालियाँ

- **रक्त बलिदान और यौन अनुष्ठान** - शक्ति में दीक्षा के लिए आदान-प्रदान की आवश्यकता होती है: शरीर, रक्त, या निर्दोषता।
- **माइंड प्रोग्रामिंग (एमके अल्ट्रा पैटर्न)** - मीडिया, संगीत, राजनीति में खंडित पहचान और संचालक बनाने के लिए उपयोग किया जाता है।
- **प्रतीकवाद** - पिरामिड आँखें, फीनिक्स, चेकरबोर्ड फर्श, उल्लू, और उल्टे तारे - निष्ठा के प्रवेश द्वार।
- **लूसिफ़ेरियन सिद्धांत** - "जो तुम चाहो करो," "अपना स्वयं का भगवान बनो," "प्रकाश वाहक ज्ञानोदय।"

कार्य योजना - अभिजात्य जाल से मुक्ति

1. किसी भी गुप्त सशक्तीकरण से जुड़ी प्रणाली में भाग लेने के लिए **पश्चाताप करें**, भले ही अनजाने में (संगीत, मीडिया, अनुबंध)।

2. किसी भी कीमत पर प्रसिद्धि, छुपे हुए अनुबंधों या अभिजात्य जीवन शैली के प्रति आकर्षण का **त्याग करें** ।
3. **के लिए प्रार्थना करें** जिसका आप हिस्सा हैं। पवित्र आत्मा से प्रार्थना करें कि वह छिपे हुए संबंधों को उजागर करे।
4. **ज़ोर से घोषणा करें** :

"मैं अंधकार की हर व्यवस्था, शपथ और प्रतीक को अस्वीकार करता हूँ। मैं प्रकाश के राज्य का हूँ। मेरी आत्मा बिक्री के लिए नहीं है!"

5. **एंकर शास्त्र** :
   - यशायाह 28:15–18 – मृत्यु की वाचा स्थिर न रहेगी
   - भजन 2 – परमेश्वर दुष्ट षड्यंत्रों पर हँसता है
   - 1 कुरिन्थियों 2:6–8 – इस युग के शासक परमेश्वर की बुद्धि को नहीं समझते

समूह आवेदन

- **प्रतीक शुद्धिकरण सत्र** में समूह का नेतृत्व करें - प्रतिभागियों के पास जो प्रश्न हों, वे चित्र या लोगो लेकर आएं।
- लोगों को यह बताने के लिए प्रोत्साहित करें कि उन्होंने पॉप संस्कृति में इल्युमिनाति के चिन्ह कहां देखे हैं, तथा इसने उनके विचारों को किस प्रकार प्रभावित किया है।
- प्रतिभागियों को मसीह के उद्देश्य के लिए **अपना प्रभाव (संगीत, फैशन, मीडिया) पुनः समर्पित करने के लिए आमंत्रित करें।**

मुख्य अंतर्दृष्टि

सबसे शक्तिशाली धोखा वह है जो आकर्षण में छिपा होता है। लेकिन जब मुखौटा हट जाता है, तो ज़ंजीरें टूट जाती हैं।

प्रतिबिंब पत्रिका
- क्या मैं ऐसे प्रतीकों या गतिविधियों की ओर आकर्षित होता हूँ जिन्हें मैं पूरी तरह से नहीं समझता?
- क्या मैंने प्रभाव या प्रसिद्धि पाने के लिए कोई प्रतिज्ञा या समझौते किये हैं?
- मुझे अपनी प्रतिभा या मंच के किस भाग को पुनः परमेश्वर के समक्ष समर्पित करने की आवश्यकता है?

स्वतंत्रता की प्रार्थना
पिता, मैं इल्लुमिनाती और कुलीन तंत्र-मंत्र के हर छिपे हुए ढाँचे, शपथ और प्रभाव को अस्वीकार करता हूँ। मैं आपके बिना प्रसिद्धि, उद्देश्यहीन शक्ति और पवित्र आत्मा के बिना ज्ञान का त्याग करता हूँ। मैं जाने-अनजाने में, मुझ पर किए गए हर रक्त या वचन के अनुबंध को रद्द करता हूँ। यीशु, मैं आपको अपने मन, वरदानों और भाग्य का स्वामी मानकर सिंहासनारूढ़ करता हूँ। हर अदृश्य बंधन को उजागर और नष्ट कर दो। आपके नाम से मैं उठता हूँ, और प्रकाश में चलता हूँ। आमीन।

दिन 30: रहस्यमय स्कूल - प्राचीन रहस्य, आधुनिक बंधन

"उनके गले खुली हुई क़ब्र हैं; उनकी ज़बानें छल करती हैं। उनके होठों पर साँपों का ज़हर है।" - रोमियों 3:13

"ये लोग जो कुछ षड्यंत्र कहते हैं, उसे षड्यंत्र मत कहो; जिस से वे डरते हैं, उससे मत डरो... सेनाओं का प्रभु ही वह है जिसे तुम पवित्र मानना..." - यशायाह 8:12–13

इल्लुमिनाती से बहुत पहले, प्राचीन रहस्यमयी विद्यालय थे—मिस्र, बेबीलोन, ग्रीस, फारस—जिन्हें न केवल "ज्ञान" देने के लिए, बल्कि गुप्त अनुष्ठानों के माध्यम से अलौकिक शक्तियों को जागृत करने के लिए भी डिज़ाइन किया गया था। आज, ये विद्यालय उच्च-स्तरीय विश्वविद्यालयों, आध्यात्मिक आश्रमों, "जागरूकता" शिविरों, यहाँ तक कि व्यक्तिगत विकास या उच्च-स्तरीय चेतना जागरण के नाम पर ऑनलाइन प्रशिक्षण पाठ्यक्रमों के माध्यम से भी पुनर्जीवित हो रहे हैं। कबालाह मंडलियों से लेकर थियोसोफी, हर्मेटिक ऑर्डर्स और रोज़ीक्रूसियनिज़्म तक—उद्देश्य एक ही है: "देवताओं के समान बनना", ईश्वर के प्रति समर्पण किए बिना अव्यक्त शक्ति को जागृत करना। गुप्त मंत्र, पवित्र ज्यामिति, सूक्ष्म प्रक्षेपण, पीनियल ग्रंथि का उद्घाटन और अनुष्ठानिक अनुष्ठान "प्रकाश" की आड़ में कई लोगों को आध्यात्मिक बंधन में डाल देते हैं।

लेकिन हर वह "प्रकाश" जो यीशु में निहित नहीं है, एक झूठा प्रकाश है। और हर छिपी हुई शपथ को तोड़ना होगा।

वास्तविक कहानी - निपुण से परित्यक्त तक

दक्षिण अफ़्रीकी वेलनेस कोच, सैंड्रा* को एक मेंटरशिप कार्यक्रम के ज़रिए मिस्र के एक रहस्यमयी संघ में दीक्षित किया गया। इस प्रशिक्षण में चक्र संरेखण, सूर्य ध्यान, चंद्र अनुष्ठान और प्राचीन ज्ञान-ग्रंथ शामिल थे। उन्हें "डाउनलोड" और "आरोहण" का अनुभव होने लगा, लेकिन जल्द ही ये अनुभव पैनिक अटैक, स्लीप पैरालिसिस और आत्महत्या के दौरों में बदल गए।

जब एक मुक्तिदाता ने इस स्रोत का पर्दाफ़ाश किया, तो सैंड्रा को एहसास हुआ कि उसकी आत्मा प्रतिज्ञाओं और आध्यात्मिक अनुबंधों से बंधी हुई थी। इस आदेश को त्यागने का मतलब था अपनी आय और संपर्क खोना—लेकिन उसे अपनी आज़ादी ज़रूर मिली। आज, वह मसीह पर केंद्रित एक उपचार केंद्र चलाती है और दूसरों को नए युग के धोखे से आगाह करती है।

आज के रहस्यमय स्कूलों के सामान्य सूत्र

- **कबला सर्किल** - यहूदी रहस्यवाद, अंकशास्त्र, देवदूत पूजा और सूक्ष्म विमानों के साथ मिश्रित।
- **हर्मेटिकवाद** - "जैसा ऊपर, वैसा नीचे" सिद्धांत; आत्मा को वास्तविकता में हेरफेर करने के लिए सशक्त बनाना।
- **रोसीक्रूसियन** - रसायन परिवर्तन और आत्मा उत्थान से जुड़े गुप्त आदेश।
- **फ्रीमेसनरी और गूढ़ बिरादरी** - छिपे हुए प्रकाश में स्तरित प्रगति; प्रत्येक डिग्री शपथ और अनुष्ठानों से बंधी हुई।
- **आध्यात्मिक रिट्रीट** - शमन या "मार्गदर्शकों" के साथ साइकेडेलिक "ज्ञानोदय" समारोह।

कार्य योजना – प्राचीन बंधनों को तोड़ना

1. मसीह के बाहर दीक्षाओं, पाठ्यक्रमों या आध्यात्मिक अनुबंधों के माध्यम से किए गए सभी अनुबंधों को **त्याग दें।**

2. **रद्द करें** जो पवित्र आत्मा में निहित नहीं है।
3. **मुक्त करें** : अंख, होरस की आंख, पवित्र ज्यामिति, वेदियां, धूपबत्ती, मूर्तियां या अनुष्ठान पुस्तकें।
4. **ऊँची आवाज़ में घोषणा करें** :

"मैं झूठे प्रकाश के हर प्राचीन और आधुनिक मार्ग को अस्वीकार करता हूँ। मैं सच्चे प्रकाश, यीशु मसीह के प्रति समर्पित हूँ। हर गुप्त शपथ उसके लहू से टूट जाती है।"

एंकर शास्त्र

- कुलुस्सियों 2:8 – कोई खोखला और भ्रामक तत्वज्ञान नहीं
- यूहन्ना 1:4–5 – सच्चा प्रकाश अंधकार में चमकता है
- 1 कुरिन्थियों 1:19–20 – परमेश्वर बुद्धिमानों का ज्ञान नष्ट कर देता है

समूह आवेदन

- प्रतीकात्मक रूप से "पुस्तकों को जलाने" की रात का आयोजन करें (प्रेरितों के काम 19:19) - जहां समूह के सदस्य किसी भी गुप्त पुस्तकों, आभूषणों, वस्तुओं को लाते हैं और नष्ट कर देते हैं।
- उन लोगों के लिए प्रार्थना करें जिन्होंने ध्यान के माध्यम से अजीब ज्ञान "डाउनलोड" किया है या तीसरी आँख के चक्र खोले हैं।
- प्रतिभागियों को **"प्रकाश हस्तांतरण"** प्रार्थना के माध्यम से ले जाएं - पवित्र आत्मा से प्रार्थना करें कि वह हर उस क्षेत्र को अपने नियंत्रण में ले ले जो पहले से ही गुप्त प्रकाश के लिए समर्पित था।

मुख्य अंतर्दृष्टि

परमेश्वर सत्य को पहेलियों और रीति-रिवाजों में नहीं छिपाता—वह उसे अपने पुत्र के माध्यम से प्रकट करता है। उस "प्रकाश" से सावधान रहें जो आपको अंधकार में खींचता है।

प्रतिबिंब पत्रिका

- क्या मैंने किसी ऑनलाइन या भौतिक स्कूल में दाखिला लिया है जो प्राचीन ज्ञान, सक्रियता या रहस्यमय शक्तियों का वादा करता है?
- क्या ऐसी कोई पुस्तकें, प्रतीक या अनुष्ठान हैं जिनके बारे में मैं पहले सोचता था कि वे हानिरहित हैं, लेकिन अब मैं उनके बारे में दोषी महसूस करता हूँ?
- मैंने ईश्वर के साथ सम्बन्ध से अधिक आध्यात्मिक अनुभव की खोज कहाँ की है?

मुक्ति की प्रार्थना

प्रभु यीशु, आप ही मार्ग, सत्य और प्रकाश हैं। मैं हर उस मार्ग के लिए पश्चाताप करता हूँ जो मैंने आपके वचन को दरकिनार करते हुए चुना। मैं सभी रहस्यमयी विद्यालयों, गुप्त आदेशों, शपथों और दीक्षाओं का त्याग करता हूँ। मैं उन सभी मार्गदर्शकों, शिक्षकों, आत्माओं और प्रणालियों से आत्मिक संबंध तोड़ता हूँ जो प्राचीन छल में निहित हैं। मेरे हृदय के हर छिपे हुए स्थान में अपना प्रकाश चमकाइए और मुझे अपनी आत्मा के सत्य से भर दीजिए। यीशु के नाम में, मैं स्वतंत्र जीवन जीता हूँ। आमीन।

दिन 31: कबला, पवित्र ज्यामिति और कुलीन प्रकाश धोखा

"क्योंकि शैतान आप भी ज्योतिर्मय स्वर्गदूत का रूप धारण करता है।" - 2 कुरिन्थियों 11:14
"गुप्त बातें हमारे परमेश्वर यहोवा के वश में हैं, परन्तु जो प्रगट की गई हैं वे हमारे वश में हैं..." - व्यवस्थाविवरण 29:29

आध्यात्मिक ज्ञान की हमारी खोज में एक ख़तरा छिपा है—"छिपे हुए ज्ञान" का लालच जो मसीह से अलग शक्ति, प्रकाश और दिव्यता का वादा करता है। मशहूर हस्तियों के समूह से लेकर गुप्त ठिकानों तक, कला से लेकर वास्तुकला तक, धोखे का एक ढर्रा दुनिया भर में अपनी जगह बना रहा है, जो साधकों को **कबला** , **पवित्र ज्यामिति** और **रहस्यमय शिक्षाओं के गूढ़ जाल में फँसाता है** ।
ये कोई हानिरहित बौद्धिक अन्वेषण नहीं हैं। ये प्रकाश के वेश में पतित स्वर्गदूतों के साथ आध्यात्मिक वाचाओं में प्रवेश के द्वार हैं।

वैश्विक अभिव्यक्तियाँ

- **हॉलीवुड और संगीत उद्योग** - कई मशहूर हस्तियां खुलेआम कबाला कंगन पहनती हैं या पवित्र प्रतीकों (जैसे जीवन वृक्ष) का टैटू गुदवाती हैं, जो गुप्त यहूदी रहस्यवाद से जुड़े हैं।
- **फैशन और वास्तुकला** - मेसोनिक डिजाइन और पवित्र ज्यामितीय पैटर्न (जीवन का फूल, हेक्साग्राम, होरस की आंख) कपड़ों, इमारतों और डिजिटल कला में अंतर्निहित हैं।

- **मध्य पूर्व और यूरोप** - कबला अध्ययन केंद्र अभिजात वर्ग के बीच फलते-फूलते हैं, जो अक्सर रहस्यवाद को अंकशास्त्र, ज्योतिष और देवदूत आह्वान के साथ मिलाते हैं।
- **दुनिया भर में ऑनलाइन और नए युग के मंडल** - यूट्यूब, टिकटॉक और पॉडकास्ट पवित्र ज्यामिति और कबालीवादी ढांचे पर आधारित "प्रकाश कोड", "ऊर्जा पोर्टल", "3-6-9 कंपन" और "दिव्य मैट्रिक्स" शिक्षाओं को सामान्य बनाते हैं।

सच्ची कहानी - जब प्रकाश झूठ बन जाता है

स्वीडन की 27 वर्षीय जना ने अपनी पसंदीदा गायिका का अनुसरण करते हुए कबला की खोज शुरू की, जिन्होंने इसे अपनी "रचनात्मक जागृति" का श्रेय दिया। उन्होंने लाल धागे वाला ब्रेसलेट खरीदा, ज्यामितीय मंडलों के साथ ध्यान करना शुरू किया और प्राचीन हिब्रू ग्रंथों से देवदूतों के नामों का अध्ययन किया।

चीज़ें बदलने लगीं। उसके सपने अजीबोगरीब हो गए। उसे नींद में अपने आस-पास कुछ प्राणियों का एहसास होता, जो ज्ञान की बातें फुसफुसाते — और फिर खून की माँग करते। परछाइयाँ उसका पीछा करतीं, फिर भी वह और रोशनी चाहती।

आखिरकार, उसे ऑनलाइन एक मुक्ति का वीडियो मिला और उसे एहसास हुआ कि उसकी पीड़ा आध्यात्मिक उत्थान नहीं, बल्कि आध्यात्मिक धोखा थी। छह महीने तक मुक्ति के सत्रों, उपवास और अपने घर की हर कबालीवादी वस्तु को जलाने के बाद, शांति लौटने लगी। अब वह अपने ब्लॉग के ज़रिए दूसरों को चेतावनी देती है: "झूठी रोशनी ने मुझे लगभग बर्बाद कर दिया था।"

मार्ग को समझना

कबला, कभी-कभी धार्मिक वेश धारण करते हुए, ईसा मसीह को ईश्वर तक पहुँचने का एकमात्र मार्ग मानने से इनकार करता है। यह अक्सर **"दिव्य आत्मा" को ऊँचा उठाता है**, **चैनलिंग** और **जीवन-वृक्ष के आरोहण को बढ़ावा देता है**, और शक्ति को बुलाने के लिए **गणितीय रहस्यवाद का उपयोग करता है**। ये प्रथाएँ **आध्यात्मिक द्वार खोलती हैं**—स्वर्ग के लिए नहीं, बल्कि प्रकाश-वाहकों के रूप में प्रच्छन्न सत्ताओं के लिए।

कई कबालीवादी सिद्धांत निम्नलिखित से जुड़े हैं:

- फ़्रीमासोंरी
- रोज़ीक्रूशनवाद
- शान-संबंधी का विज्ञान
- लूसिफ़ेरियन ज्ञानोदय पंथ

सामान्य बात? मसीह के बिना ईश्वरत्व की खोज।

कार्य योजना - झूठी रोशनी को उजागर करना और हटाना

1. कबला, अंकशास्त्र, पवित्र ज्यामिति, या "रहस्य विद्यालय" की शिक्षाओं के साथ हर जुड़ाव का **पश्चाताप करें**।
2. **वस्तुओं को नष्ट कर दें** - मंडल, वेदियां, कबला ग्रंथ, क्रिस्टल ग्रिड, पवित्र प्रतीक आभूषण।
3. **झूठी रोशनी वाली आत्माओं** (जैसे, मेटाट्रॉन, रज़ीएल, रहस्यमय रूप में शेकिना) का त्याग करें और हर नकली स्वर्गदूत को छोड़ने का आदेश दें।
4. मसीह की सरलता और पर्याप्तता में **स्वयं को डुबो लें** (2 **कुरिन्थियों** 11:3)।
5. **उपवास करें और** अपने आप को अभिषेक करें - आँखें, माथे, हाथ - सभी झूठे ज्ञान को त्याग दें और केवल ईश्वर के प्रति अपनी निष्ठा की घोषणा करें।

समूह आवेदन

- "प्रकाश शिक्षाओं", अंकशास्त्र, कबला मीडिया या पवित्र प्रतीकों के साथ किसी भी मुठभेड़ को साझा करें।
- एक समूह के रूप में, ऐसे वाक्यांशों या विश्वासों की सूची बनाएं जो "आध्यात्मिक" लगते हैं लेकिन मसीह का विरोध करते हैं (उदाहरण के लिए, "मैं दिव्य हूं," "ब्रह्मांड प्रदान करता है," "मसीह चेतना")।
- यूहन्ना 8:12 की घोषणा करते हुए प्रत्येक व्यक्ति को तेल से अभिषेक करें - *"यीशु जगत की ज्योति है।"*
- पवित्र ज्यामिति, रहस्यवाद, या "दिव्य संहिताओं" का संदर्भ देने वाली किसी भी सामग्री या वस्तु को जला दें या त्याग दें।

मुख्य अंतर्दृष्टि

शैतान पहले विध्वंसक के रूप में नहीं आता। वह अक्सर प्रकाशक के रूप में आता है—गुप्त ज्ञान और झूठा प्रकाश प्रदान करता है। लेकिन वह प्रकाश केवल गहरे अंधकार की ओर ले जाता है।

प्रतिबिंब पत्रिका

- क्या मैंने अपनी आत्मा को किसी ऐसे "आध्यात्मिक प्रकाश" के लिए खोला है जो मसीह को दरकिनार करता है?
- क्या ऐसे कोई प्रतीक, वाक्यांश या वस्तुएं हैं जिनके बारे में मैंने सोचा था कि वे हानिरहित हैं, लेकिन अब उन्हें पोर्टल के रूप में पहचाना जाता है?
- क्या मैंने बाइबल की सच्चाई से ज़्यादा निजी ज्ञान को महत्व दिया है?

मुक्ति की प्रार्थना

पिता, मैं हर उस झूठे प्रकाश, रहस्यमय शिक्षा और गुप्त ज्ञान का त्याग करता हूँ जिसने मेरी आत्मा को उलझा रखा है। मैं स्वीकार करता हूँ कि केवल यीशु मसीह ही संसार का सच्चा प्रकाश हैं। मैं कबला, पवित्र ज्यामिति, अंकशास्त्र और दुष्टात्माओं के सभी सिद्धांतों को अस्वीकार करता हूँ। मेरे जीवन से अब हर नकली आत्मा को जड़ से उखाड़ फेंके। मेरी आँखों, मेरे विचारों, मेरी कल्पनाओं और मेरी आत्मा को शुद्ध कर। मैं केवल आपका हूँ - आत्मा, प्राण और शरीर। यीशु के नाम में। आमीन।

दिन 3 2: भीतर की सर्प आत्मा - जब मुक्ति बहुत देर से मिलती है

"उनकी आँखें व्यभिचार से भरी हैं... वे चंचल मनवालों को फुसलाते हैं... वे बिलाम के मार्ग पर चले हैं... जिसके लिए सदा के लिए अंधकार की घोर अंधकार रखा गया है।" - 2 पतरस 2:14–17
"धोखा न खाओ: परमेश्वर का मज़ाक नहीं उड़ाया जाता। मनुष्य जो बोता है, वही काटेगा।" - गलतियों 6:7

एक नकली शैतानी शक्ति है जो आत्मज्ञान का ढोंग रचती है। यह चंगा करती है, ऊर्जा देती है, शक्ति देती है — लेकिन सिर्फ़ एक पल के लिए। यह दिव्य रहस्यों की फुसफुसाहट करती है, आपकी "तीसरी आँख" खोलती है, रीढ़ की हड्डी में शक्ति का संचार करती है — और फिर **आपको यातनाओं में जकड़ लेती है** ।
यह **कुंडलिनी है** ...
सर्प **आत्मा** ...
नए युग की झूठी "पवित्र आत्मा"।
एक बार योग, ध्यान, मनोविकार, आघात या गुप्त अनुष्ठानों के माध्यम से सक्रिय होने पर, यह शक्ति रीढ़ की हड्डी के आधार पर कुंडलित होकर चक्रों से होकर अग्नि की तरह ऊपर उठती है। कई लोग इसे आध्यात्मिक जागृति मानते हैं। वास्तव में, यह दैवीय ऊर्जा के रूप में प्रच्छन्न **राक्षसी आविष्टता है।**
लेकिन क्या होगा जब यह **दूर नहीं होगा** ?

वास्तविक कहानी - "मैं इसे बंद नहीं कर सकता"
कनाडा में रहने वाली एक युवा ईसाई महिला, मारिसा, ईसा मसीह को अपना जीवन समर्पित करने से पहले "ईसाई योग" में रुचि रखती थी।

उसे शांतिपूर्ण अनुभूतियाँ, कंपन और प्रकाशमय दर्शन बहुत पसंद थे। लेकिन एक गहन सत्र के बाद, जब उसे अपनी रीढ़ की हड्डी में "आग" महसूस हुई, तो वह बेहोश हो गई—और साँस लेने में असमर्थ होकर उठी। उस रात, कुछ **उसे नींद में परेशान करने लगा** , उसके शरीर को मरोड़ने लगा, उसके सपनों में "ईसा मसीह" के रूप में प्रकट होने लगा—लेकिन उसका मज़ाक उड़ा रहा था।

उसे पाँच बार **मुक्ति मिली** । आत्माएँ चली जातीं—लेकिन फिर लौट आतीं। उसकी रीढ़ की हड्डी अभी भी कंपन कर रही थी। उसकी आँखें लगातार आत्मिक लोक में देख रही थीं। उसका शरीर अनायास ही हिल जाता था। उद्धार के बावजूद, वह अब एक ऐसे नरक से गुज़र रही थी जिसे बहुत कम ईसाई समझते थे। उसकी आत्मा तो बच गई थी—लेकिन उसकी आत्मा का **हनन हुआ था, वह फट गई थी, और खंडित हो गई थी** ।

वह परिणाम जिसके बारे में कोई बात नहीं करता

- **तीसरी आंखें खुली रहती हैं** : लगातार दृश्य, मतिभ्रम, आध्यात्मिक शोर, झूठ बोलने वाले "स्वर्गदूत"।
- **शरीर का कंपन बंद नहीं होता** : अनियंत्रित ऊर्जा, खोपड़ी में दबाव, दिल की धड़कन तेज होना।
- **निरंतर पीड़ा** : 10 से अधिक मुक्ति सत्रों के बाद भी।
- **अलगाव** : पादरी समझ नहीं पाते। चर्च इस समस्या को नज़रअंदाज़ कर देते हैं। व्यक्ति को "अस्थिर" करार दे दिया जाता है।
- **नरक का भय** : पाप के कारण नहीं, बल्कि उस यातना के कारण जो समाप्त होने से इंकार करती है।

क्या ईसाई उस मुकाम तक पहुँच सकते हैं जहाँ से वापसी संभव नहीं?

हाँ, इसी जीवन में। आप **बच सकते हैं**, लेकिन इतने खंडित कि **आपकी आत्मा मृत्यु तक पीड़ा में रहे**।

यह कोई डर फैलाने वाली बात नहीं है। यह एक **भविष्यसूचक चेतावनी है**।

वैश्विक उदाहरण

- **अफ्रीका** - झूठे भविष्यवक्ता पूजा के दौरान कुंडलिनी अग्नि छोड़ते हैं - लोग ऐंठन, झाग, हंसी या दहाड़ते हैं।
- **एशिया** - योग गुरु सिद्धि (राक्षसी आधिपत्य) की ओर अग्रसर हो रहे हैं और इसे ईश्वर-चेतना कह रहे हैं।
- **यूरोप/उत्तरी अमेरिका** - नव-करिश्माई आंदोलन "महिमा के क्षेत्र" को प्रसारित करते हैं, भौंकते हैं, हंसते हैं, अनियंत्रित रूप से गिरते हैं - भगवान के नहीं।
- **लैटिन अमेरिका** - शैमानिक जागरण में अयाहुआस्का (पौधे की औषधि) का उपयोग कर उन आध्यात्मिक द्वारों को खोला जाता है जिन्हें बंद नहीं किया जा सकता।

कार्य योजना - यदि आप बहुत आगे बढ़ गए हैं

1. **सटीक पोर्टल को स्वीकार करें**: कुंडलिनी योग, तीसरी आंख का ध्यान, नए युग के चर्च, साइकेडेलिक्स, आदि।
2. **मुक्ति पाने के लिए सभी प्रयास बंद कर दें**: कुछ आत्माएं लंबे समय तक आपको पीड़ा देती हैं जब आप उन्हें भय से सशक्त बनाते रहते हैं।
3. **पवित्रशास्त्र में अपने आप को स्थिर रखें** - विशेष रूप से भजन 119, यशायाह 61, और यूहन्ना 1। ये आत्मा को नवीनीकृत करते हैं।

4. **समुदाय के प्रति समर्पित हो जाएँ** : कम से कम एक पवित्र आत्मा से परिपूर्ण विश्वासी को खोजें जिसके साथ आप चल सकें। अलगाव दुष्टात्माओं को सशक्त बनाता है।
5. **सभी आध्यात्मिक "दृष्टि", अग्नि, ज्ञान, ऊर्जा का त्याग करें** - भले ही वह पवित्र लगे।
6. **ईश्वर से दया माँगिए** — एक बार नहीं। रोज़ाना। हर घंटे। लगातार प्रार्थना करते रहिए। ईश्वर इसे तुरंत दूर तो नहीं कर सकता, लेकिन वह आपको उठा लेगा।

समूह आवेदन

- मौन चिंतन का समय बिताएँ। पूछें: क्या मैंने आध्यात्मिक शुद्धता की अपेक्षा आध्यात्मिक शक्ति का पीछा किया है?
- उन लोगों के लिए प्रार्थना करो जो लगातार पीड़ा में हैं। तुरंत आज़ादी का वादा मत करो - **शिष्यत्व का वादा करो**।
- **आत्मा के फल** (गलातियों 5:22-23) और **आत्मिक अभिव्यक्तियों** (कंपन, गर्मी, दर्शन) के बीच अंतर सिखाएं।
- प्रत्येक नए युग की वस्तु को जला दें या नष्ट कर दें: चक्र प्रतीक, क्रिस्टल, योग मैट, पुस्तकें, तेल, "यीशु कार्ड।"

मुख्य अंतर्दृष्टि

एक **सीमा होती है** जिसे पार किया जा सकता है—जब आत्मा एक खुला द्वार बन जाती है और बंद होने से इनकार कर देती है। आपकी आत्मा बच सकती है... लेकिन अगर आप गुप्त प्रकाश से दूषित हो गए हैं, तो आपकी आत्मा और शरीर अभी भी पीड़ा में जी सकते हैं।

प्रतिबिंब पत्रिका
- क्या मैंने कभी पवित्रता और सत्य से अधिक शक्ति, अग्नि या भविष्यसूचक दृष्टि की खोज की है?
- क्या मैंने "ईसाईकृत" नये युग की प्रथाओं के माध्यम से दरवाजे खोले हैं?
- क्या मैं **प्रतिदिन** परमेश्वर के साथ चलने को तैयार हूँ, चाहे पूर्ण छुटकारा पाने में वर्षों लग जाएँ?

जीवित रहने की प्रार्थना
पिता, मैं दया की भीख माँगता हूँ। मैं हर उस सर्प आत्मा, कुंडलिनी शक्ति, तीसरी आँख खोलने वाली शक्ति, झूठी आग, या नए युग की नकली आत्मा का त्याग करता हूँ जिसे मैंने कभी छुआ है। मैं अपनी आत्मा—जो खंडित है—को आपको वापस सौंपता हूँ। यीशु, मुझे न केवल पाप से, बल्कि पीड़ा से भी बचाएँ। मेरे द्वार बंद कर दो। मेरे मन को स्वस्थ करो। मेरी आँखें बंद कर दो। मेरी रीढ़ की हड्डी में बसे सर्प को कुचल दो। मैं दर्द में भी आपका इंतज़ार करता हूँ। और मैं हार नहीं मानूँगा। यीशु के नाम में। आमीन।

दिन 33: भीतर की सर्प आत्मा - जब मुक्ति बहुत देर से मिलती है

"उनकी आँखें व्यभिचार से भरी हैं... वे चंचल मनवालों को फुसलाते हैं... वे बिलाम के मार्ग पर चले हैं... जिसके लिए सदा के लिए अंधकार की घोर अंधकार रखा गया है।" - 2 पतरस 2:14–17
"धोखा न खाओ: परमेश्वर का मज़ाक नहीं उड़ाया जाता। मनुष्य जो बोता है, वही काटेगा।" - गलतियों 6:7

एक नकली शैतानी शक्ति है जो आत्मज्ञान का ढोंग रचती है। यह चंगा करती है, ऊर्जा देती है, शक्ति देती है — लेकिन सिर्फ़ एक पल के लिए। यह दिव्य रहस्यों की फुसफुसाहट करती है, आपकी "तीसरी आँख" खोलती है, रीढ़ की हड्डी में शक्ति का संचार करती है — और फिर **आपको यातनाओं में जकड़ लेती है** ।
यह **कुंडलिनी है** ...
सर्प **आत्मा** ...
नए युग की झूठी "पवित्र आत्मा"।
एक बार योग, ध्यान, मनोविकार, आघात या गुप्त अनुष्ठानों के माध्यम से सक्रिय होने पर, यह शक्ति रीढ़ की हड्डी के आधार पर कुंडलित होकर चक्रों से होकर अग्नि की तरह ऊपर उठती है। कई लोग इसे आध्यात्मिक जागृति मानते हैं। वास्तव में, यह दैवीय ऊर्जा के रूप में प्रच्छन्न **राक्षसी आविष्टता है।**
लेकिन क्या होगा जब यह **दूर नहीं होगा** ?

वास्तविक कहानी - "मैं इसे बंद नहीं कर सकता"
कनाडा में रहने वाली एक युवा ईसाई महिला, मारिसा, ईसा मसीह को अपना जीवन समर्पित करने से पहले "ईसाई योग" में रुचि रखती थी।

उसे शांतिपूर्ण अनुभूतियाँ, कंपन और प्रकाशमय दर्शन बहुत पसंद थे। लेकिन एक गहन सत्र के बाद, जब उसे अपनी रीढ़ की हड्डी में "आग" महसूस हुई, तो वह बेहोश हो गई—और साँस लेने में असमर्थ होकर उठी। उस रात, कुछ **उसे नींद में परेशान करने लगा** , उसके शरीर को मरोड़ने लगा, उसके सपनों में "ईसा मसीह" के रूप में प्रकट होने लगा—लेकिन उसका मज़ाक उड़ा रहा था।

उसे पाँच बार **मुक्ति मिली** । आत्माएँ चली जातीं—लेकिन फिर लौट आतीं। उसकी रीढ़ की हड्डी अभी भी कंपन कर रही थी। उसकी आँखें लगातार आत्मिक लोक में देख रही थीं। उसका शरीर अनायास ही हिल जाता था। उद्धार के बावजूद, वह अब एक ऐसे नरक से गुज़र रही थी जिसे बहुत कम ईसाई समझते थे। उसकी आत्मा तो बच गई थी—लेकिन उसकी आत्मा का **हनन हुआ था, वह फट गई थी, और खंडित हो गई थी** ।

वह परिणाम जिसके बारे में कोई बात नहीं करता

- **तीसरी आंखें खुली रहती हैं** : लगातार दृश्य, मतिभ्रम, आध्यात्मिक शोर, झूठ बोलने वाले "स्वर्गदूत"।
- **शरीर का कंपन बंद नहीं होता** : अनियंत्रित ऊर्जा, खोपड़ी में दबाव, दिल की धड़कन तेज होना।
- **निरंतर पीड़ा** : 10 से अधिक मुक्ति सत्रों के बाद भी।
- **अलगाव** : पादरी समझ नहीं पाते। चर्च इस समस्या को नज़रअंदाज़ कर देते हैं। व्यक्ति को "अस्थिर" करार दे दिया जाता है।
- **नरक का भय** : पाप के कारण नहीं, बल्कि उस यातना के कारण जो समाप्त होने से इंकार करती है।

क्या ईसाई उस मुकाम तक पहुँच सकते हैं जहाँ से वापसी संभव नहीं?

हाँ, इसी जीवन में। आप **बच सकते हैं** , लेकिन इतने खंडित कि **आपकी आत्मा मृत्यु तक पीड़ा में रहे** ।
यह कोई डर फैलाने वाली बात नहीं है। यह एक **भविष्यसूचक चेतावनी है** ।

वैश्विक उदाहरण

- **अफ्रीका** - झूठे भविष्यवक्ता पूजा के दौरान कुंडलिनी अग्नि छोड़ते हैं - लोग ऐंठन, झाग, हंसी या दहाड़ते हैं।
- **एशिया** - योग गुरु सिद्धि (राक्षसी आधिपत्य) की ओर अग्रसर हो रहे हैं और इसे ईश्वर-चेतना कह रहे हैं।
- **यूरोप/उत्तरी अमेरिका** - नव-करिश्माई आंदोलन "महिमा के क्षेत्र" को प्रसारित करते हैं, भौंकते हैं, हंसते हैं, अनियंत्रित रूप से गिरते हैं - भगवान के नहीं।
- **लैटिन अमेरिका** - शैमानिक जागरण में अयाहुआस्का (पौधे की औषधि) का उपयोग कर उन आध्यात्मिक द्वारों को खोला जाता है जिन्हें बंद नहीं किया जा सकता।

कार्य योजना - यदि आप बहुत आगे बढ़ गए हैं

1. **सटीक पोर्टल को स्वीकार करें** : कुंडलिनी योग, तीसरी आंख का ध्यान, नए युग के चर्च, साइकेडेलिक्स, आदि।
2. **मुक्ति पाने के लिए सभी प्रयास बंद कर दें** : कुछ आत्माएं लंबे समय तक आपको पीड़ा देती हैं जब आप उन्हें भय से सशक्त बनाते रहते हैं।
3. **पवित्रशास्त्र में अपने आप को स्थिर रखें** - विशेष रूप से भजन 119, यशायाह 61, और यूहन्ना 1. ये आत्मा को नवीनीकृत करते हैं।

4. **समुदाय के प्रति समर्पित हो जाएँ** : कम से कम एक पवित्र आत्मा से परिपूर्ण विश्वासी को खोजें जिसके साथ आप चल सकें। अलगाव दुष्टात्माओं को सशक्त बनाता है।
5. **सभी आध्यात्मिक "दृष्टि", अग्नि, ज्ञान, ऊर्जा का त्याग करें** - भले ही वह पवित्र लगे।
6. **ईश्वर से दया माँगिए** — एक बार नहीं। रोज़ाना। हर घंटे। लगातार प्रार्थना करते रहिए। ईश्वर इसे तुरंत दूर तो नहीं कर सकता, लेकिन वह आपको उठा लेगा।

समूह आवेदन

- मौन चिंतन का समय बिताएँ। पूछें: क्या मैंने आध्यात्मिक शुद्धता की अपेक्षा आध्यात्मिक शक्ति का पीछा किया है?
- उन लोगों के लिए प्रार्थना करो जो लगातार पीड़ा में हैं। तुरंत आज़ादी का वादा मत करो - **शिष्यत्व का वादा करो** ।
- **आत्मा के फल** (गलातियों 5:22-23) और **आत्मिक अभिव्यक्तियों** (कंपन, गर्मी, दर्शन) के बीच अंतर सिखाएं ।
- प्रत्येक नए युग की वस्तु को जला दें या नष्ट कर दें: चक्र प्रतीक, क्रिस्टल, योग मैट, पुस्तकें, तेल, "यीशु कार्ड।"

मुख्य अंतर्दृष्टि

एक **सीमा होती है** जिसे पार किया जा सकता है—जब आत्मा एक खुला द्वार बन जाती है और बंद होने से इनकार कर देती है। आपकी आत्मा बच सकती है... लेकिन अगर आप गुप्त प्रकाश से दूषित हो गए हैं, तो आपकी आत्मा और शरीर अभी भी पीड़ा में जी सकते हैं।

प्रतिबिंब पत्रिका

- क्या मैंने कभी पवित्रता और सत्य से अधिक शक्ति, अग्नि या भविष्यसूचक दृष्टि की खोज की है?
- क्या मैंने "ईसाईकृत" नये युग की प्रथाओं के माध्यम से दरवाजे खोले हैं?
- क्या मैं **प्रतिदिन** परमेश्वर के साथ चलने को तैयार हूँ, चाहे पूर्ण छुटकारा पाने में वर्षों लग जाएँ?

जीवित रहने की प्रार्थना

पिता, मैं दया की भीख माँगता हूँ। मैं हर उस सर्प आत्मा, कुंडलिनी शक्ति, तीसरी आँख खोलने वाली शक्ति, झूठी आग, या नए युग की नकली आत्मा का त्याग करता हूँ जिसे मैंने कभी छुआ है। मैं अपनी आत्मा—जो खंडित है—को आपको वापस सौंपता हूँ। यीशु, मुझे न केवल पाप से, बल्कि पीड़ा से भी बचाएँ। मेरे द्वार बंद कर दो। मेरे मन को स्वस्थ करो। मेरी आँखें बंद कर दो। मेरी रीढ़ की हड्डी में बसे सर्प को कुचल दो। मैं दर्द में भी आपका इंतज़ार करता हूँ। और मैं हार नहीं मानूँगा। यीशु के नाम में। आमीन।

दिन 34: राजमिस्त्री, संहिताएँ और अभिशाप - जब भाईचारा बंधन बन जाता है

"अन्धकार के निष्फल कामों में सहभागी न हो, परन्तु उनका पर्दाफ़ाश करो।" — इफिसियों 5:11

"तू उनसे या उनके देवताओं से कोई वाचा न बाँधना।" — निर्गमन 23:32

गुप्त समाज सफलता, संबंध और प्राचीन ज्ञान का वादा करते हैं। वे "अच्छे लोगों के लिए" **शपथ, उपाधियाँ और रहस्य प्रदान करते हैं**। लेकिन ज़्यादातर लोग यह नहीं समझते: ये समाज **वाचा की वेदियाँ हैं**, जो अक्सर खून, धोखे और राक्षसी निष्ठा पर टिकी होती हैं। फ्रीमेसनरी से लेकर कबाला, रोज़ीक्रूसियन से लेकर स्कल एंड बोन्स तक - ये संगठन सिर्फ़ क्लब नहीं हैं। ये **आध्यात्मिक अनुबंध हैं**, जो अंधेरे में गढ़े गए हैं और ऐसे रीति-रिवाजों से बंधे हैं जो **पीढ़ियों को अभिशाप देते हैं**।

कुछ लोग स्वेच्छा से शामिल हुए। दूसरों के पूर्वज भी शामिल हुए। बहरहाल, अभिशाप तब तक बना रहता है जब तक कि उसे तोड़ा न जाए।

एक छिपी विरासत - जेसन की कहानी

अमेरिका में एक सफल बैंकर, जेसन के पास सब कुछ था—एक सुंदर परिवार, धन-दौलत और रसूख। लेकिन रात में, वह घुटन से जाग जाता था, सपनों में नकाबपोश आकृतियाँ देखता था और मंत्रोच्चार सुनता

था। उसके दादा 33वीं डिग्री के मेसन थे, और जेसन अब भी वह अंगूठी पहनता था।

एक बार उन्होंने एक क्लब के कार्यक्रम में मज़ाक में मेसोनिक प्रतिज्ञाएँ लीं—लेकिन जैसे ही उन्होंने ऐसा किया, **उनके अंदर कुछ ऐसा समा गया** । उनका दिमाग़ टूटने लगा। उन्हें आवाज़ें सुनाई देने लगीं। उनकी पत्नी उन्हें छोड़कर चली गईं। उन्होंने सब कुछ खत्म करने की कोशिश की।

एक रिट्रीट में, किसी को मेसोनिक लिंक का पता चला। जेसन रोया और उसने **अपनी सारी शपथ त्याग दी** , अंगूठी तोड़ दी, और तीन घंटे तक मुक्ति की प्रार्थना करता रहा। उस रात, वर्षों में पहली बार, वह चैन की नींद सोया।

उसकी गवाही?

"तुम गुप्त वेदियों के साथ मज़ाक नहीं करते। वे तब तक बोलते रहते हैं जब तक तुम उन्हें यीशु के नाम पर चुप नहीं करा देते।"

ब्रदरहुड का वैश्विक वेब

- **यूरोप** - फ्रीमेसनरी व्यापार, राजनीति और चर्च संप्रदायों में गहराई से अंतर्निहित है।
- **अफ्रीका** - इल्लुमिनाति और गुप्त आदेश जो आत्माओं के बदले में धन की पेशकश करते हैं; विश्वविद्यालयों में पंथ।
- **लैटिन अमेरिका** - जेसुइट घुसपैठ और कैथोलिक रहस्यवाद के साथ मिश्रित मेसोनिक अनुष्ठान।
- **एशिया** - प्राचीन रहस्य विद्यालय, मंदिर के पुजारी पीढ़ीगत शपथों से बंधे हुए।
- **उत्तरी अमेरिका** - ईस्टर्न स्टार, स्कॉटिश रीट, स्कल एंड बोन्स जैसी बिरादरी, बोहेमियन ग्रोव अभिजात वर्ग।

ये पंथ अक्सर "ईश्वर" का आह्वान करते हैं, लेकिन **बाइबल के ईश्वर का नहीं** - वे **महान वास्तुकार का संदर्भ देते हैं, जो लूसिफ़ेरियन प्रकाश** से जुड़ी एक अवैयक्तिक शक्ति है ।

संकेत कि आप प्रभावित हैं

- दीर्घकालिक बीमारी जिसका डॉक्टर कारण नहीं बता सकते।
- उन्नति का भय या पारिवारिक व्यवस्था से अलग होने का भय।
- वस्त्र, अनुष्ठान, गुप्त दरवाजे, लॉज या अजीब समारोहों के सपने।
- पुरुष वंश में अवसाद या पागलपन।
- बांझपन, दुर्व्यवहार या भय से जूझ रही महिलाएं।

उद्धार कार्य योजना

1. **सभी ज्ञात शपथों का त्याग करें** - विशेषकर यदि आप या आपका परिवार फ्रीमेसनरी, रोज़ीक्रूसियन, ईस्टर्न स्टार, कबाला या किसी भी "भाईचारे" का हिस्सा थे।
2. **प्रत्येक डिग्री को** - प्रवेशित प्रशिक्षु से लेकर 33वीं डिग्री तक, नाम से तोड़ें।
3. **सभी प्रतीकों को नष्ट कर दें** - अंगूठियां, एप्रन, किताबें, पेंडेंट, प्रमाण पत्र आदि।
4. प्रार्थना और घोषणा के माध्यम से आध्यात्मिक और कानूनी रूप से **द्वार बंद करें ।**

इन शास्त्रों का प्रयोग करें:

- यशायाह 28:18 — "तुम्हारी मृत्यु से की गई वाचा टूट जाएगी।"

- गलातियों 3:13 — "मसीह ने हमें व्यवस्था के श्राप से छुड़ाया।"
- यहेजकेल 13:20–23 — "मैं तुम्हारे परदे फाड़ डालूंगा और अपनी प्रजा को स्वतंत्र करूंगा।"

समूह आवेदन
- पूछें कि क्या किसी सदस्य के माता-पिता या दादा-दादी गुप्त समाज में थे।
- एक **निर्देशित त्याग का नेतृत्व करें** (आप इसके लिए एक मुद्रित स्क्रिप्ट बना सकते हैं)।
- प्रतीकात्मक कृत्यों का प्रयोग करें - अनुष्ठानों में खोले गए "तीसरे नेत्र" को निष्प्रभावी करने के लिए पुरानी अंगूठी जला दें या माथे पर क्रॉस बना लें।
- मन, गर्दन और पीठ के लिए प्रार्थना करें - ये बंधन के सामान्य स्थान हैं।

मुख्य अंतर्दृष्टि
मसीह के लहू के बिना भाईचारा, बंधन का भाईचारा है।
आपको चुनना होगा: मनुष्य के साथ वाचा या परमेश्वर के साथ वाचा।

प्रतिबिंब पत्रिका
- क्या मेरे परिवार में कोई फ्रीमेसनरी, रहस्यवाद या गुप्त शपथ में शामिल रहा है?
- क्या मैंने अनजाने में गुप्त समाजों से जुड़ी प्रतिज्ञाओं, पंथों या प्रतीकों का पाठ किया है या उनकी नकल की है?
- क्या मैं परमेश्वर की वाचा में पूरी तरह चलने के लिए पारिवारिक परम्परा को तोड़ने को तैयार हूँ?

त्याग की प्रार्थना

पिता, यीशु के नाम पर, मैं अपने जीवन या वंश में फ़्रीमेसनरी, कबला या किसी भी गुप्त समाज से जुड़ी हर वाचा, शपथ या अनुष्ठान का त्याग करता हूँ। मैं हर उस स्तर, हर झूठ, हर उस शैतानी अधिकार को तोड़ता हूँ जो मुझे समारोहों या प्रतीकों के ज़रिए दिया गया था। मैं घोषणा करता हूँ कि यीशु मसीह ही मेरा एकमात्र प्रकाश, मेरे एकमात्र निर्माता और मेरे एकमात्र प्रभु हैं। यीशु के नाम पर, मैं अभी स्वतंत्रता प्राप्त करता हूँ। आमीन।

दिन 35: चर्च में चुड़ैलें - जब बुराई चर्च के दरवाज़ों से प्रवेश करती है

"क्योंकि ऐसे लोग झूठे प्रेरित, और छल से काम करनेवाले, और मसीह के प्रेरितों का सा भेष धारण करनेवाले हैं। और यह कुछ अचम्भे की बात नहीं, क्योंकि शैतान भी ज्योतिर्मय स्वर्गदूत का रूप धारण करता है।" - 2 कुरिन्थियों 11:13–14
"मैं तेरे काम, और तेरे प्रेम, और तेरे विश्वास को जानता हूँ... तौभी मुझे तेरे विरुद्ध यह कहना है कि तू उस स्त्री ईज़ेबेल को जो अपने आप को भविष्यद्वक्तिन कहती है, रहने देता है..." - प्रकाशितवाक्य 2:19–20

सबसे खतरनाक चुड़ैल वह नहीं है जो रात में उड़ती है। सबसे खतरनाक चुड़ैल वह है जो **चर्च में आपके बगल में बैठी रहती है** ।
वे न तो काले वस्त्र पहनते हैं और न ही झाड़ू पर सवार होते हैं।
वे प्रार्थना सभाओं का नेतृत्व करते हैं। आराधना मंडलियों में गाते हैं। अन्य भाषाओं में भविष्यवाणी करते हैं। कलीसियाओं में पादरी का काम करते हैं। और फिर भी... वे **अंधकार के वाहक हैं** ।
कुछ लोग ठीक-ठीक जानते हैं कि वे क्या कर रहे हैं—उन्हें आध्यात्मिक हत्यारे के रूप में भेजा गया है। दूसरे लोग पैतृक जादू-टोने या विद्रोह के शिकार हैं, और
अशुद्ध उपहारों के साथ काम कर रहे हैं ।

चर्च एक आवरण के रूप में — "मरियम" की कहानी

मिरियम एक बड़े पश्चिमी अफ़्रीकी चर्च में एक लोकप्रिय उद्धारक थीं। उनकी आवाज़ दुष्टात्माओं को भागने का आदेश देती थी। लोग उनसे अभिषेक पाने के लिए देश-देशांतरों से यात्रा करते थे।

लेकिन मिरियम का एक राज़ था: रात में, वह अपने शरीर से बाहर निकल जाती थी। वह चर्च के सदस्यों के घर, उनकी कमज़ोरियाँ और उनके वंश को देखती थी। उसे लगता था कि यह "भविष्यवाणी" है। उसकी शक्ति बढ़ती गई। लेकिन साथ ही उसकी पीड़ा भी बढ़ती गई। उसे आवाज़ें सुनाई देने लगीं। उसे नींद नहीं आती थी। उसके बच्चों पर हमला हुआ। उसके पति ने उसे छोड़ दिया।

उसने अंततः स्वीकार किया: बचपन में उसे उसकी दादी ने "सक्रिय" कर दिया था, जो एक शक्तिशाली चुड़ैल थी और उसे शापित कंबलों के नीचे सोने के लिए मजबूर करती थी।

"मुझे लगा कि मैं पवित्र आत्मा से भर गया हूँ। यह आत्मा तो थी... लेकिन पवित्र नहीं।"

वह मुक्ति से गुज़री। लेकिन युद्ध कभी नहीं रुका। वह कहती हैं:
"अगर मैंने अपना अपराध स्वीकार नहीं किया होता, तो मैं चर्च में आग में वेदी पर मर गया होता।"

चर्च में छिपे जादू-टोने की वैश्विक स्थितियाँ

- **अफ़्रीका** - आध्यात्मिक ईर्ष्या। भविष्यवक्ता भविष्यवाणी, अनुष्ठान, जल आत्माओं का प्रयोग करते हैं। कई वेदियाँ वास्तव में द्वार हैं।
- **यूरोप** - "आध्यात्मिक प्रशिक्षकों" के रूप में छद्मवेशी माध्यम। नए युग के ईसाई धर्म में लिपटा जादू-टोना।
- **एशिया** - मंदिर की पुजारिनें चर्च में प्रवेश कर श्राप फैलाती हैं और धर्मांतरित लोगों पर सूक्ष्म निगरानी रखती हैं।
- **लैटिन अमेरिका** - सैनटेरिया - ऐसे "पादरी" जो उद्धार का उपदेश देते हैं लेकिन रात में मुर्गियों की बलि देते हैं।
- **उत्तरी अमेरिका** - "यीशु और टैरो" का दावा करने वाली ईसाई चुड़ैलें, चर्च के मंचों पर ऊर्जा उपचारक, और फ्रीमेसनरी अनुष्ठानों में शामिल पादरी।

चर्च में जादू-टोने के संकेत

- पूजा के दौरान भारी माहौल या भ्रम की स्थिति।
- पूजा के बाद साँप, सेक्स या जानवरों के सपने आना।
- नेतृत्व का अचानक पाप या घोटाले में पड़ जाना।
- "भविष्यवाणियाँ" जो हेरफेर करती हैं, लुभाती हैं, या शर्मिंदा करती हैं।
- जो कोई भी कहता है, "ईश्वर ने मुझे बताया है कि तुम मेरे पति/पत्नी हो।"
- मंच या वेदियों के पास अजीब वस्तुएं पाई गईं।

उद्धार कार्य योजना

1. **विवेक के लिए प्रार्थना करें** - पवित्र आत्मा से प्रार्थना करें कि वह बताए कि क्या आपकी संगति में कोई छिपी हुई चुड़ैलें हैं।
2. **हर एक आत्मा को परखो** - चाहे वह आत्मिक ही क्यों न लगे (1 यूहन्ना 4:1)।
3. **आत्मिक संबंध तोड़ें** - यदि आपके लिए प्रार्थना की गई है, भविष्यवाणी की गई है, या किसी अशुद्ध व्यक्ति ने आपको छुआ है, तो **उसे त्याग दें**।
4. **अपने चर्च के लिए प्रार्थना करें** - हर छिपी हुई वेदी, गुप्त पाप और आध्यात्मिक जोंक को उजागर करने के लिए परमेश्वर की आग की घोषणा करें।
5. **अगर आप पीड़ित हैं**, तो मदद लें। चुप या अकेले न रहें।

समूह आवेदन

- समूह के सदस्यों से पूछें: क्या आपने कभी चर्च सेवा में असहजता या आध्यात्मिक रूप से अपमानित महसूस किया है?

- संगति के लिए **सामूहिक शुद्धिकरण प्रार्थना** का नेतृत्व करें ।
- प्रत्येक व्यक्ति का अभिषेक करें और मन, वेदियों और उपहारों के चारों ओर एक **आध्यात्मिक फ़ायरवॉल की घोषणा करें।**
- कि लोगों को दृश्य भूमिकाएं देने से पहले उनकी **प्रतिभाओं की जांच** कैसे करें और **उनकी भावनाओं को कैसे परखें ।**

मुख्य अंतर्दृष्टि

"प्रभु, प्रभु" कहने वाले सभी लोग प्रभु की ओर से नहीं होते।
कलीसिया आध्यात्मिक संदूषण का **प्रमुख युद्धक्षेत्र है** —लेकिन जब सत्य का समर्थन किया जाता है तो यह उपचार का स्थान भी है।

प्रतिबिंब पत्रिका

- क्या मैंने किसी ऐसे व्यक्ति से प्रार्थना, शिक्षा या मार्गदर्शन प्राप्त किया है जिसके जीवन ने अपवित्र फल उत्पन्न किया है?
- क्या कभी ऐसा हुआ है कि चर्च के बाद मुझे "बुरा" महसूस हुआ हो, लेकिन मैंने उसे नजरअंदाज कर दिया हो?
- क्या मैं जादू-टोने का सामना करने को तैयार हूं, भले ही वह सूट पहने या मंच पर गाए?

खुलासे और स्वतंत्रता की प्रार्थना

प्रभु यीशु, मैं आपको सच्ची ज्योति होने के लिए धन्यवाद देता हूँ। मैं आपसे अब विनती करता हूँ कि आप मेरे जीवन और संगति में या उसके आसपास सक्रिय अंधकार के हर छिपे हुए कारक को उजागर करें। मैं आध्यात्मिक धोखेबाजों से प्राप्त हर अपवित्र शिक्षा, झूठी भविष्यवाणी या आत्मिक बंधन का त्याग करता हूँ। मुझे अपने लहू से शुद्ध करें। मेरे उपहारों को पवित्र करें। मेरे द्वारों की रक्षा करें। अपनी पवित्र अग्नि से हर नकली आत्मा को जला दें। यीशु के नाम में। आमीन।

दिन 36: कोडित मंत्र - जब गाने, फ़ैशन और फ़िल्में पोर्टल बन जाते हैं

"अन्धकार के निष्फल कामों में भाग न लो, परन्तु उनका पर्दाफ़ाश करो।" — इफिसियों 5:11
"भक्तिहीन कथाओं और बुढ़ियों की कहानियों पर ध्यान न दो; बल्कि भक्तिमय बनने का अभ्यास करो।" — 1 तीमुथियुस 4:7

हर लड़ाई खून-खराबे से शुरू नहीं होती।
कुछ एक **ताल से शुरू होती हैं** । एक धुन से
। एक मनमोहक गीत जो आपकी रूह में बस जाता है। या आपके कपड़ों पर लगा कोई
प्रतीक जिसे आपने "कूल" समझा था । या कोई "हानिरहित" शो जिसे आप देखते रहते हैं जबकि शैतान परछाईं में मुस्कुरा रहे होते हैं।
आज की अति-जुड़ी हुई दुनिया में, जादू-टोना **कूट-कूट कर भरा हुआ है** - मीडिया, संगीत, फिल्मों और फैशन के माध्यम से यह **स्पष्ट रूप से दिखाई देता है।**

एक गहरी ध्वनि - वास्तविक कहानी: "हेडफ़ोन"
अमेरिका में रहने वाले 17 साल के एलिजा को घबराहट के दौरे पड़ने लगे, रातों की नींद उड़ गई और शैतानी सपने आने लगे। उसके ईसाई माता-पिता को लगा कि यह तनाव है।
लेकिन एक उद्धार सत्र के दौरान, पवित्र आत्मा ने टीम को उसके **संगीत के बारे में पूछने का निर्देश दिया** ।
उन्होंने कबूल किया: "मैं ट्रैप मेटल सुनता हूँ। मुझे पता है कि यह डार्क है... लेकिन यह मुझे शक्तिशाली महसूस कराता है।"

जब टीम ने प्रार्थना में उनका एक पसंदीदा गाना बजाया, तो एक **प्रकटीकरण** हुआ।

ताल को गुप्त अनुष्ठानों के **मंत्रों के साथ एनकोड किया गया था**। पीछे की ओर मास्किंग करने पर "अपनी आत्मा को समर्पित करो" और "लूसिफ़र बोलता है" जैसे वाक्यांश प्रकट हुए।

जब एलिय्याह ने संगीत बंद कर दिया, पश्चाताप किया और संबंध तोड़ दिया, तो शांति लौट आई।

युद्ध उसके **कानों के द्वार से होकर प्रवेश कर चुका था**।

वैश्विक प्रोग्रामिंग पैटर्न

- **अफ्रीका** - धन संबंधी अनुष्ठानों से जुड़े अफ्रोबीट गाने; गीतों में छिपे "जूजू" संदर्भ; समुद्री साम्राज्य के प्रतीकों वाले फैशन ब्रांड।
- **एशिया** - अवचेतन यौन और आत्मा-चैनलिंग संदेशों के साथ के-पॉप; शिंटो दानव विद्या से प्रभावित एनीमे पात्र।
- **लैटिन अमेरिका** - रेगेटन ने सैनटेरिया मंत्रों और पिछड़े कोडित मंत्रों को आगे बढ़ाया।
- **यूरोप** - फैशन हाउस (गुच्ची, बालेंसीगा) रनवे संस्कृति में शैतानी छवि और अनुष्ठानों को शामिल कर रहे हैं।
- **उत्तरी अमेरिका** - जादू-टोने से युक्त हॉलीवुड फिल्में (मार्वल, हॉरर, "प्रकाश बनाम अंधकार" फिल्में); मनोरंजन के लिए जादू-टोने का प्रयोग करने वाले कार्टून।

Common Entry Portals (and Their Spirit Assignments)

Media Type	Portal	Demonic Assignment
Music	Beats/samples from rituals	Torment, violence, rebellion
TV Series	Magic, lust, murder glorification	Desensitization, soul dulling
Fashion	Symbols (serpent, eye, goat, triangles)	Identity confusion, spiritual binding
Video Games	Sorcery, blood rites, avatars	Astral transfer, addiction, occult alignment
Social Media	Trends on "manifestation," crystals, spells	Sorcery normalization

कार्य योजना - पहचानें, विषहरण करें, बचाव करें

1. **अपनी प्लेलिस्ट, अलमारी और देखने के इतिहास का ऑडिट करें**। रहस्यमय, कामुक, विद्रोही या हिंसक सामग्री की तलाश करें।
2. **पवित्र आत्मा से प्रार्थना करें कि वह** हर अपवित्र प्रभाव को उजागर करे।
3. **मिटाएँ और नष्ट करें**। बेचें या दान न करें। किसी भी शैतानी चीज़ को जलाएँ या नष्ट करें - चाहे वह भौतिक हो या डिजिटल।
4. **अपने उपकरणों**, अपने कानों और अपने कानों का अभिषेक करो। परमेश्वर की महिमा के लिए उन्हें पवित्र घोषित करो।

5. **सत्य से प्रतिस्थापित करें** : आराधना संगीत, ईश्वरीय फिल्में, पुस्तकें, और पवित्रशास्त्र का पाठ जो आपके मन को नवीनीकृत करते हैं।

समूह आवेदन

- सदस्यों को "मीडिया इन्वेंटरी" में शामिल करें। प्रत्येक व्यक्ति को ऐसे शो, गाने या आइटम लिखने को कहें जिनके बारे में उन्हें संदेह हो कि वे पोर्टल हो सकते हैं।
- फ़ोन और हेडफ़ोन पर प्रार्थना करें। उनका अभिषेक करें।
- सामूहिक "डिटॉक्स उपवास" करें—3 से 7 दिन, बिना किसी धर्मनिरपेक्ष मीडिया के। केवल परमेश्वर के वचन, आराधना और संगति से ही पोषण लें।
- अगली बैठक में परिणामों की गवाही दें।

मुख्य अंतर्दृष्टि
राक्षसों को अब आपके घर में घुसने के लिए किसी मंदिर की ज़रूरत नहीं है। उन्हें बस प्ले बटन दबाने के लिए आपकी अनुमति चाहिए।

प्रतिबिंब पत्रिका

- मैंने ऐसा क्या देखा, सुना या पहना है जो उत्पीड़न का द्वार खोल सकता है?
- क्या मैं उस चीज़ को छोड़ने को तैयार हूँ जो मेरा मनोरंजन करती है, भले ही वह मुझे गुलाम भी बना रही हो?
- क्या मैंने "कला" के नाम पर विद्रोह, वासना, हिंसा या उपहास को सामान्य मान लिया है?

शुद्धिकरण की प्रार्थना

प्रभु यीशु, मैं आपके सामने पूर्ण आध्यात्मिक विषहरण की प्रार्थना करता हूँ। संगीत, फ़ैशन, खेलों या मीडिया के माध्यम से मैंने अपने जीवन में जो भी गुप्त जादू डाला है, उसे उजागर करें। मैं उन चीज़ों को देखने, पहनने और सुनने के लिए पश्चाताप करता हूँ जो आपको अपमानित करती हैं। आज, मैं अपने आत्मिक बंधन तोड़ता हूँ। मैं विद्रोह, जादू-टोना, वासना, भ्रम या पीड़ा की हर आत्मा को बाहर निकालता हूँ। मेरी आँखों, कानों और हृदय को शुद्ध करें। अब मैं अपना शरीर, माध्यम और चुनाव केवल आपको समर्पित करता हूँ। यीशु के नाम में। आमीन।

दिन 37: शक्ति की अदृश्य वेदियाँ - फ्रीमेसन, कबाला, और गुप्त अभिजात वर्ग

"फिर शैतान उसे एक बहुत ऊँचे पहाड़ पर ले गया और सारे जगत के राज्य और उसका वैभव दिखाकर कहा, 'यदि तू गिरकर मुझे प्रणाम करे, तो मैं यह सब कुछ तुझे दे दूँगा।'" - मत्ती 4:8–9
"तुम प्रभु के कटोरे और दुष्टात्माओं के कटोरे दोनों में से नहीं पी सकते; तुम प्रभु की मेज और दुष्टात्माओं की मेज दोनों में साझी नहीं हो सकते।" - 1 कुरिन्थियों 10:21

ये वेदियां गुफाओं में नहीं, बल्कि बोर्डरूम में छिपी हुई हैं। आत्माएं सिर्फ जंगलों में ही नहीं हैं - बल्कि सरकारी हॉलों, वित्तीय टावरों, आइवी लीग पुस्तकालयों और "चर्चों" के रूप में प्रच्छन्न अभयारण्यों में भी हैं।

कुलीन तंत्र-मंत्र के क्षेत्र में आपका स्वागत है :
फ्रीमेसन, रोज़ीक्रूसियन, कबालिस्ट, जेसुइट संप्रदाय, पूर्वी सितारे, और गुप्त लूसिफ़ेरियन पुरोहित वर्ग जो **शैतान के प्रति अपनी भक्ति को कर्मकांडों, गोपनीयता और प्रतीकों में छिपाते हैं** । उनके देवता तर्क, शक्ति और प्राचीन ज्ञान हैं - लेकिन उनकी **आत्माएँ अंधकार के प्रति समर्पित हैं** ।

सामान्य नज़रों से ओझल

- **फ्रीमेसनरी** स्वयं को बिल्डरों की बिरादरी के रूप में पेश करती है - फिर भी इसकी उच्च डिग्री शैतानी संस्थाओं का आह्वान

करती है, मृत्यु की शपथ लेती है, और लूसिफ़र को "प्रकाश-वाहक" के रूप में प्रतिष्ठित करती है।

- **कबला** ईश्वर तक रहस्यमय पहुंच का वादा करता है - लेकिन यह सूक्ष्म रूप से यहोवा को ब्रह्मांडीय ऊर्जा मानचित्रों और अंकशास्त्र से प्रतिस्थापित कर देता है।
- **जेसुइट रहस्यवाद** , अपने भ्रष्ट रूप में, अक्सर कैथोलिक कल्पना को आध्यात्मिक हेरफेर और विश्व प्रणालियों के नियंत्रण के साथ मिश्रित करता है।
- **हॉलीवुड, फैशन, वित्त और राजनीति** सभी कोडित संदेश, प्रतीक और **सार्वजनिक अनुष्ठान करते हैं जो वास्तव में लूसिफ़र की पूजा सेवाएँ हैं** ।

इनसे प्रभावित होने के लिए आपको कोई सेलिब्रिटी होने की ज़रूरत नहीं है। ये प्रणालियाँ **राष्ट्रों को** इन तरीकों से प्रदूषित करती हैं:

- मीडिया प्रोग्रामिंग
- शैक्षिक प्रणालियाँ
- धार्मिक समझौता
- वित्तीय निर्भरता
- "दीक्षा", "प्रतिज्ञा" या "ब्रांड डील" के रूप में प्रच्छन्न अनुष्ठान

सच्ची कहानी – "लॉज ने मेरी वंशावली बर्बाद कर दी"

ब्रिटेन के एक सफल व्यवसायी सोलोमन (बदला हुआ नाम) नेटवर्किंग के लिए एक मेसोनिक लॉज में शामिल हुए। उन्होंने तेज़ी से तरक्की की, धन और प्रतिष्ठा हासिल की। लेकिन उन्हें भयानक बुरे सपने भी आने लगे—लबादा पहने लोग उन्हें बुला रहे थे, खून की कसमें खा रहे थे, काले जानवर उनका पीछा कर रहे थे। उनकी बेटी ने खुद को काटना शुरू कर दिया, यह दावा करते हुए कि किसी "उपस्थिति" ने उसे ऐसा करने के लिए मजबूर किया है।

एक रात, उसने अपने कमरे में एक आदमी को देखा—आधा इंसान, आधा सियार—जिसने उससे कहा: *"तुम मेरे हो। कीमत चुका दी गई है।"* उसने मुक्ति मंत्रालय से संपर्क किया। **सात महीने तक त्याग, उपवास, उल्टी अनुष्ठान और हर गुप्त बंधन को बदलने में लगे** —तब जाकर शांति मिली।

बाद में उन्हें पता चला: **उनके दादा 33वीं डिग्री के राजमिस्त्री थे। उन्होंने अनजाने में ही सही, इस विरासत को आगे बढ़ाया था।**

विश्वव्यापी पहुँच

- **अफ्रीका** - जनजातीय शासकों, न्यायाधीशों, पादरियों के बीच गुप्त समाज - सत्ता के बदले में रक्त शपथ के प्रति निष्ठा की शपथ लेना।
- **यूरोप** - माल्टा के शूरवीर, इल्युमिनिस्ट लॉज, और कुलीन गूढ़ विश्वविद्यालय।
- **उत्तरी अमेरिका** - अधिकांश संस्थापक दस्तावेजों, न्यायालय संरचनाओं और यहां तक कि चर्चों के अंतर्गत मेसोनिक नींव।
- **एशिया** - गुप्त ड्रैगन पंथ, पैतृक आदेश, और बौद्ध धर्म-शामनवाद संकर में निहित राजनीतिक समूह।
- **लैटिन अमेरिका** - कैथोलिक संतों को सांता मुएर्टे या बैफोमेट जैसी लूसिफ़ेरियन आत्माओं के साथ मिश्रित करने वाले समन्वयवादी पंथ।

कार्य योजना - कुलीन वेदियों से बचना

1. फ्रीमेसनरी, ईस्टर्न स्टार, जेसुइट शपथ, गूढ़ज्ञानवादी पुस्तकों या रहस्यवादी प्रणालियों में किसी भी तरह की भागीदारी का **त्याग करें - यहां तक कि ऐसे "शैक्षणिक" अध्ययन का भी।**
2. राजचिह्न, अंगूठियां, पिन, किताबें, एप्रन, फोटो और प्रतीकों को **नष्ट कर दें।**

3. **शापों को तोड़ें** —खासकर मृत्यु-शपथ और दीक्षा-वचन। यशायाह 28:18 का प्रयोग करें ("मृत्यु के साथ तुम्हारी वाचा रद्द कर दी जाएगी…")।
4. यहेजकेल 8, यशायाह 47, और प्रकाशितवाक्य 17 पढ़ते हुए **3 दिन उपवास करें ।**
5. **वेदी बदलें** : स्वयं को केवल मसीह की वेदी के प्रति पुनः समर्पित करें (रोमियों 12:1-2)। प्रभु-भोज। आराधना। अभिषेक।

आप एक ही समय में स्वर्ग और लूसिफ़र के दरबार में नहीं हो सकते। अपनी वेदी चुनिए।

समूह आवेदन

- अपने क्षेत्र में सामान्य अभिजात्य संगठनों का मानचित्र बनाएं - और उनके आध्यात्मिक प्रभाव के विरुद्ध सीधे प्रार्थना करें।
- एक सत्र आयोजित करें जहां सदस्य गोपनीय रूप से स्वीकार कर सकें कि क्या उनके परिवार फ्रीमेसनरी या इसी तरह के पंथों में शामिल थे।
- तेल और भोज लेकर आएं - गुप्त रूप से की गई शपथों, अनुष्ठानों और मुहरों का सामूहिक त्याग करें।
- अभिमान तोड़ें - समूह को याद दिलाएं: **कोई भी पहुंच आपकी आत्मा के लायक नहीं है।**

मुख्य अंतर्दृष्टि

गुप्त संस्थाएँ प्रकाश का वादा करती हैं। लेकिन केवल यीशु ही जगत का प्रकाश हैं। बाकी सभी वेदियाँ रक्त की माँग करती हैं—पर बचा नहीं सकतीं।

प्रतिबिंब पत्रिका

- क्या मेरे वंश में कोई गुप्त समाज या "आदेशों" में शामिल था?

- क्या मैंने अकादमिक ग्रंथों के रूप में छिपी हुई रहस्यमयी पुस्तकें पढ़ी हैं या मेरे पास हैं?
- मेरे कपड़ों, कला या आभूषणों में कौन से प्रतीक (पेंटाग्राम, सब कुछ देखने वाली आंखें, सूर्य, सर्प, पिरामिड) छिपे हुए हैं?

त्याग की प्रार्थना
पिता, मैं हर उस गुप्त समाज, निवास, शपथ, अनुष्ठान या वेदी का त्याग करता हूँ जो यीशु मसीह पर आधारित नहीं है। मैं अपने पूर्वजों, अपने वंश और अपने मुख से किए गए अनुबंधों को तोड़ता हूँ। मैं फ़्रीमेसनरी, कबला, रहस्यवाद और सत्ता के लिए किए गए हर गुप्त समझौते को अस्वीकार करता हूँ। मैं हर उस प्रतीक, हर मुहर और हर उस झूठ को नष्ट करता हूँ जिसने प्रकाश का वादा किया था लेकिन बंधन दिया। यीशु, मैं आपको अपने एकमात्र स्वामी के रूप में फिर से सिंहासन पर बिठाता हूँ। हर गुप्त स्थान में अपना प्रकाश फैलाएँ। आपके नाम में, मैं स्वतंत्र चलता हूँ। आमीन।

दिन 38: गर्भ की वाचाएँ और जल राज्य - जब जन्म से पहले ही भाग्य दूषित हो जाता है

"दुष्ट लोग गर्भ से ही अलग कर दिए जाते हैं; वे जन्मते ही झूठ बोलते हुए भटक जाते हैं।" — भजन संहिता 58:3

"गर्भ में रचने से पहले ही मैंने तुम्हें जान लिया था, और जन्म लेने से पहले ही मैंने तुम्हें पवित्र किया था..." — यिर्मयाह 1:5

क्या होगा यदि आप जो लड़ाई लड़ रहे हैं वह आपकी पसंद से नहीं, बल्कि आपकी धारणा से शुरू हुई हो?

क्या होगा यदि गर्भ में रहते हुए ही आपका नाम अंधेरे स्थानों में लिया जाए?

क्या होगा यदि **आपकी पहचान बदल दी जाए**, आपका **भाग्य बेच दिया जाए**, और आपकी **आत्मा को चिन्हित कर दिया जाए** - इससे पहले कि आप अपनी पहली सांस लें?

पानी के नीचे दीक्षा, **समुद्री आत्मा वाचाओं** और **गुप्त गर्भ दावों** की वास्तविकता है जो **पीढ़ियों को बांधती है**, विशेष रूप से गहरे पैतृक और तटीय अनुष्ठानों वाले क्षेत्रों में।

जल साम्राज्य - शैतान का सिंहासन नीचे

अदृश्य क्षेत्र में, शैतान **सिर्फ़ हवा पर ही शासन नहीं करता**। वह **समुद्री दुनिया पर भी शासन करता है** —समुद्र, नदियों और झीलों के नीचे आत्माओं, वेदियों और अनुष्ठानों का एक विशाल शैतानी नेटवर्क।

समुद्री आत्माएं (जिन्हें आमतौर पर *मामी वाटा*, *तट की रानी*, *आत्मा पत्नियां/ पति* आदि कहा जाता है) निम्नलिखित के लिए जिम्मेदार हैं:

- असमय मौत
- बांझपन और गर्भपात
- यौन बंधन और सपने
- मानसिक पीड़ा
- नवजात शिशुओं में कष्ट
- व्यापार में वृद्धि और गिरावट के पैटर्न

कानूनी आधार कैसे मिलता है ?

गर्भ में.

जन्म से पहले अदृश्य दीक्षाएँ

- **पैतृक समर्पण** - एक बच्चा जो स्वस्थ पैदा हुआ हो, उसे देवता को देने का "वादा"।
- गर्भावस्था के दौरान गर्भ को स्पर्श करती हुई **गुप्त पुजारिनें** ।
- परिवार द्वारा दिए गए **अनुबंध नाम - अनजाने में समुद्री रानियों या आत्माओं का सम्मान करते हुए।**
- नदी के पानी, ताबीज या मंदिरों से प्राप्त जड़ी-बूटियों से किए जाने वाले **जन्म अनुष्ठान** ।
- मंत्रोच्चार के साथ **गर्भनाल का दफ़नाना** ।
- **गुप्त वातावरण में गर्भावस्था** (जैसे, फ्रीमेसनरी लॉज, नए युग के केंद्र, बहुविवाही पंथ)।

कुछ बच्चे पहले से ही गुलाम पैदा होते हैं। इसीलिए वे जन्म के समय ज़ोर-ज़ोर से चीखते हैं—उनकी आत्मा अंधकार को महसूस करती है।

वास्तविक कहानी – "मेरा बच्चा नदी का था"

सिएरा लियोन की जेसिका पाँच साल से गर्भधारण की कोशिश कर रही थी। आखिरकार, एक "पैगंबर" ने उसे नहाने के लिए साबुन और गर्भ पर मलने के लिए एक तेल दिया, जिसके बाद वह गर्भवती हो गई। बच्चा स्वस्थ पैदा हुआ—लेकिन तीन महीने का होते-होते वह लगातार

रोने लगा, हमेशा रात में। उसे पानी से नफ़रत थी, नहाते समय चीखता था, और नदी के पास ले जाने पर बेकाबू होकर काँपने लगता था। एक दिन, उसका बेटा चार मिनट के लिए ऐंठ गया और मर गया। वह होश में आया—और **नौ महीने की उम्र में पूरे शब्द बोलने लगा** : "मैं यहाँ का नहीं हूँ। मैं रानी का हूँ।"

भयभीत होकर, जेसिका ने मुक्ति की प्रार्थना की। बच्चा 14 दिनों के उपवास और त्याग प्रार्थना के बाद ही मुक्त हुआ—उसके पति को पीड़ा समाप्त होने से पहले अपने गाँव में छिपी एक पारिवारिक मूर्ति को नष्ट करना पड़ा।

बच्चे खाली पैदा नहीं होते। वे उन लड़ाइयों में पैदा होते हैं जो हमें उनके लिए लड़नी होती हैं।

वैश्विक समानताएँ

- **अफ्रीका** - नदी वेदियां, मामी वाटा समर्पण, प्लेसेंटा अनुष्ठान।
- **एशिया** - बौद्ध या जीववादी जन्मों के दौरान आह्वान की गई जल आत्माएं।
- **यूरोप** - ड्रूइडिक दाई वाचाएँ, पैतृक जल संस्कार, फ्रीमेसोनिक समर्पण।
- **लैटिन अमेरिका** - सैनटेरिया नामकरण, नदियों की आत्माएं (जैसे, ओशुन), ज्योतिष चार्ट के तहत जन्म।
- **उत्तरी अमेरिका** - नए युग के जन्म अनुष्ठान, आत्मा मार्गदर्शकों के साथ सम्मोहन-जन्म, माध्यमों द्वारा "आशीर्वाद समारोह"।

गर्भ-प्रेरित बंधन के संकेत

- पीढ़ियों में गर्भपात के दोहराए जाने वाले पैटर्न

- शिशुओं और बच्चों में रात्रि भय
- चिकित्सा मंजूरी के बावजूद अस्पष्टीकृत बांझपन
- लगातार पानी के सपने (महासागर, बाढ़, तैराकी, जलपरियाँ)
- पानी या डूबने का अतार्किक डर
- ऐसा महसूस होना जैसे कोई आपको जन्म से ही देख रहा हो

कार्य योजना — गर्भ वाचा को तोड़ो

1. **पवित्र आत्मा से पूछें** कि क्या आपको (या आपके बच्चे को) गर्भ संस्कार के माध्यम से दीक्षा दी गई थी।
2. गर्भावस्था के दौरान किए गए किसी भी अनुबंध का **त्याग करें - चाहे वह जानबूझकर किया गया हो या अनजाने में।**
3. **अपनी जन्म कथा के लिए प्रार्थना करें** - भले ही आपकी मां उपलब्ध न हो, अपने जीवन के कानूनी आध्यात्मिक द्वारपाल के रूप में बोलें।
4. **यशायाह 49 और भजन 139 के साथ उपवास करें** - अपने दिव्य ब्लूप्रिंट को पुनः प्राप्त करने के लिए।
5. **यदि गर्भवती हों** : अपने पेट पर तेल लगाएँ और अपने अजन्मे बच्चे के ऊपर प्रतिदिन बोलें:

"तुम प्रभु के लिए अलग किए गए हो। पानी, खून या अंधकार की कोई भी आत्मा तुम्हें अपने अधीन नहीं कर सकती। तुम यीशु मसीह के हो— तन, प्राण और आत्मा से।"

समूह आवेदन

- प्रतिभागियों से कहें कि वे अपनी जन्म कहानी के बारे में जो कुछ जानते हैं उसे लिखें - जिसमें अनुष्ठान, दाइयां या नामकरण की घटनाएं शामिल हों।

- माता-पिता को अपने बच्चों को "मसीह-केंद्रित नामकरण और वाचा सेवा" में नए सिरे से समर्पित करने के लिए प्रोत्साहित करें।
- *यशायाह 28:18* , *कुलुस्सियों 2:14* , और *प्रकाशितवाक्य 12:11* का उपयोग करके जल वाचाओं को तोड़ते हुए प्रार्थना का नेतृत्व करें ।

मुख्य अंतर्दृष्टि

गर्भ एक द्वार है — और जो इससे होकर गुजरता है, वह अक्सर आध्यात्मिक बोझ लेकर प्रवेश करता है। लेकिन कोई भी गर्भ वेदी क्रूस से बड़ी नहीं है।

प्रतिबिंब पत्रिका

- क्या मेरे गर्भाधान या जन्म में कोई वस्तु, तेल, ताबीज या नाम शामिल थे?
- क्या मुझे बचपन से ही आध्यात्मिक हमले शुरु हो गए हैं?
- क्या मैंने अनजाने में अपने बच्चों को समुद्री अनुबंध सौंप दिए हैं?

मुक्ति की प्रार्थना

हे स्वर्गीय पिता, आप मुझे मेरे जन्म से पहले से जानते थे। आज मैं अपने जन्म के समय या उससे पहले किए गए हर गुप्त वाचा, जल अनुष्ठान और राक्षसी समर्पण को तोड़ता/तोड़ती हूँ। मैं समुद्री आत्माओं, परिचित आत्माओं, या पीढ़ियों से चली आ रही गर्भ वेदियों के हर दावे को अस्वीकार करता/करती हूँ। यीशु का लहू मेरी और मेरे बच्चों की जन्म कथा को फिर से लिखे। मैं आत्मा से जन्मा हूँ - जल वेदियों से नहीं। यीशु के नाम में। आमीन।

दिन 39: जल बपतिस्मा द्वारा बंधन में - कैसे शिशु, आद्याक्षर और अदृश्य अनुबंध द्वार खोलते हैं

"उन्होंने निर्दोषों का खून बहाया, अर्थात् अपने बेटे-बेटियों का खून, जिन्हें उन्होंने कनान की मूरतों पर बलि किया, और देश उनके खून से अपवित्र हो गया।" —भजन संहिता 106:38

"क्या वीरों से लूट छीनी जा सकती है, वा क्रूर लोगों से बन्धुओं को छुड़ाया जा सकता है?" परन्तु यहोवा यों कहता है: "हाँ, वीरों से बन्धुए छीने जाएँगे, और क्रूर लोगों से लूट छीनी जाएगी..." —यशायाह 49:24–25

वयस्कता में ही पटरी से नहीं उतर गए - वे **शैशवावस्था में ही अपहृत हो गए।**

वह मासूम सा दिखने वाला नामकरण संस्कार...

"बच्चे को आशीर्वाद देने के लिए" नदी के पानी में वह सहज डुबकी... हाथ में सिक्का... जीभ के नीचे का कट... एक "आध्यात्मिक दादी" का तेल... यहाँ तक कि जन्म के समय दिए गए आद्याक्षर...

वे सभी सांस्कृतिक, पारंपरिक, हानिरहित लग सकते हैं।

लेकिन अंधकार का साम्राज्य **परंपरा में छिपा है**, और कई बच्चों को **गुप्त रूप से दीक्षा दे दी गई है**, इससे पहले कि वे कभी "यीशु" कह सकें।

वास्तविक कहानी – "मेरा नाम नदी ने रखा"

हैती में, मालिक नाम का एक लड़का नदियों और तूफ़ानों के एक अजीब डर के साथ बड़ा हुआ। बचपन में, उसकी दादी उसे सुरक्षा के लिए "आत्माओं से परिचय" कराने के लिए एक नदी के किनारे ले

जाती थीं। 7 साल की उम्र में उसे आवाज़ें सुनाई देने लगीं। 10 साल की उम्र में, उसे रात में भूत-प्रेत आते थे। 14 साल की उम्र में, हमेशा अपने आस-पास किसी "मौजूदगी" का एहसास होने के बाद, उसने आत्महत्या का प्रयास किया।

एक उद्धार सभा में, दुष्टात्माएँ हिंसक रूप से प्रकट हुईं और चिल्लाने लगीं, "हम नदी में प्रवेश कर गए! हमें नाम से पुकारा गया!" उसका नाम, "मालिक", "नदी रानी" के सम्मान में एक आध्यात्मिक नामकरण परंपरा का हिस्सा था। जब तक मसीह में उसका नाम नहीं बदला गया, तब तक उसे यातनाएँ मिलती रहीं। अब वह पूर्वजों के समर्पण में फँसे युवाओं के बीच उद्धार का कार्य करता है।

यह कैसे होता है — छिपे हुए जाल

1. **आद्याक्षर**
, विशेष रूप से वे जो पैतृक नामों, पारिवारिक देवताओं या जल देवताओं से जुड़े होते हैं (उदाहरण के लिए, "एमएम" = मामी/समुद्री; "ओएल" = ओया/ओरीशा वंश), राक्षसी हस्ताक्षर के रूप में कार्य करते हैं।

2. **नदियों/धाराओं में शिशु की डुबकी**
"सुरक्षा" या "शुद्धिकरण" के लिए लगाई जाती है, ये अक्सर **समुद्री आत्माओं में बपतिस्मा होती हैं।**

3. **गुप्त नामकरण समारोह,**
जिसमें किसी अन्य नाम (सार्वजनिक नाम से भिन्न) को वेदी या मंदिर के सामने फुसफुसाया या बोला जाता है।

4. **जन्म चिन्ह अनुष्ठान -**
आत्माओं के लिए बच्चे को ''चिह्नित'' करने के लिए माथे या अंगों पर तेल, राख या रक्त लगाया जाता है।

5. **जल-पोषित गर्भनाल से दफ़नाना -**
गर्भनाल को नदियों, झरनों में गिरा दिया जाता है, या जल मंत्रों

के साथ दफ़ना दिया जाता है - बच्चे को जल वेदियों से बांध दिया जाता है।

यदि आपके माता-पिता ने आपको मसीह के साथ नहीं जोड़ा है, तो सम्भावना है कि किसी और ने आप पर दावा किया हो।

वैश्विक गुप्त गर्भ-बंधन प्रथाएँ

- **अफ़्रीका** - नदी देवताओं के नाम पर शिशुओं का नाम रखना, समुद्री वेदियों के पास रस्सियों को दफनाना।
- **कैरिबियन/लैटिन अमेरिका** - सैनटेरिया बपतिस्मा अनुष्ठान, जड़ी-बूटियों और नदी की वस्तुओं के साथ योरूबा शैली का समर्पण।
- **एशिया** - गंगा जल से जुड़े हिंदू अनुष्ठान, ज्योतिषीय गणना से नामकरण, जो कि मूल भूतों से जुड़ा है।
- **यूरोप** - वन/जल संरक्षकों का आह्वान करने वाली ड्रूइडिक या गूढ़ नामकरण परंपराएं।
- **उत्तरी अमेरिका** - मूल अनुष्ठान समर्पण, आधुनिक विक्का शिशु आशीर्वाद, "प्राचीन मार्गदर्शकों" का आह्वान करते हुए नए युग के नामकरण समारोह।

मुझे कैसे पता चलेगा?

- बचपन में होने वाली अस्पष्टीकृत पीड़ा, बीमारियाँ, या "काल्पनिक मित्र"
- नदियों, जलपरियों, पानी द्वारा पीछा किए जाने के सपने
- चर्चों से घृणा लेकिन रहस्यमय चीजों के प्रति आकर्षण
- जन्म से ही "पीछा किए जाने" या देखे जाने का गहरा एहसास
- अपने बचपन से जुड़ा कोई दूसरा नाम या अज्ञात समारोह खोजना

कार्य योजना - शैशवावस्था को पुनः प्राप्त करें

1. **पवित्र आत्मा से पूछिए** : मेरे जन्म के समय क्या हुआ था? किन आध्यात्मिक हाथों ने मुझे छुआ था?
2. **सभी गुप्त समर्पणों को त्याग दें** , भले ही वे अज्ञानता में किए गए हों: "मैं अपनी ओर से की गई किसी भी वाचा को अस्वीकार करता हूँ जो प्रभु यीशु मसीह के लिए नहीं थी।"
3. **पैतृक नाम, आद्याक्षर और चिन्हों से नाता तोड़ें** ।
4. मसीह में अपनी पहचान घोषित करने के लिए **यशायाह 49:24-26, कुलुस्सियों 2:14, और 2 कुरिन्थियों 5:17 का उपयोग करें** ।
5. यदि आवश्यक हो, तो **पुनः समर्पण समारोह आयोजित करें** - स्वयं को (या अपने बच्चों को) नए सिरे से परमेश्वर के सामने प्रस्तुत करें, और यदि आवश्यक हो तो नए नामों की घोषणा करें।

समूह आवेदन

- प्रतिभागियों को अपने नाम की कहानी पर शोध करने के लिए आमंत्रित करें।
- यदि निर्देशित किया जाए तो आध्यात्मिक पुनः नामकरण के लिए स्थान बनाएं - लोगों को "डेविड", "एस्तेर" या आत्मा-निर्देशित पहचान जैसे नामों का दावा करने की अनुमति दें।
- समूह को समर्पण के प्रतीकात्मक *पुनः बपतिस्मा में नेतृत्व करें* - जल विसर्जन नहीं, बल्कि मसीह के साथ अभिषेक और शब्द-आधारित वाचा।

- माता-पिता को प्रार्थना में अपने बच्चों के प्रति किए गए अनुबंधों को तोड़ना चाहिए: "तुम यीशु के हो - किसी भी आत्मा, नदी या पैतृक संबंध का कोई कानूनी आधार नहीं है।"

मुख्य अंतर्दृष्टि

आपकी शुरुआत मायने रखती है। लेकिन ज़रूरी नहीं कि यह आपके अंत को परिभाषित करे। यीशु के लहू की नदी हर दावे को तोड़ सकती है।

प्रतिबिंब पत्रिका

- मुझे कौन से नाम या प्रारंभिक अक्षर दिए गए और उनका क्या अर्थ है?
- क्या मेरे जन्म के समय कोई गुप्त या सांस्कृतिक अनुष्ठान किए गए थे जिनका मुझे त्याग करना चाहिए?
- क्या मैंने सचमुच अपना जीवन - अपना शरीर, आत्मा, नाम और पहचान - प्रभु यीशु मसीह को समर्पित कर दिया है?

मोचन की प्रार्थना

पिता परमेश्वर, मैं यीशु के नाम पर आपके सामने आता हूँ। मैं अपने जन्म के समय की गई हर वाचा, समर्पण और रीति-रिवाज़ का त्याग करता हूँ। मैं हर नामकरण, जल दीक्षा और पैतृक दावे को अस्वीकार करता हूँ। चाहे वह आद्याक्षरों के माध्यम से हो, नामकरण के माध्यम से हो, या छिपी हुई वेदियों के माध्यम से हो— मैं अपने जीवन पर हर राक्षसी अधिकार को रद्द करता हूँ। मैं अब घोषणा करता हूँ कि मैं पूरी तरह से आपका हूँ। मेरा नाम जीवन की पुस्तक में लिखा गया है। मेरा अतीत यीशु के लहू से ढका हुआ है, और मेरी पहचान पवित्र आत्मा द्वारा मुहरबंद है। आमीन।

दिन 40: मुक्तिदाता से मुक्तिदाता तक - आपका दर्द ही आपका आदेश है

"परन्तु जो लोग अपने परमेश्वर को जानते हैं वे बलवन्त होंगे, और बड़े काम करेंगे।" - दानिय्येल 11:32

"तब यहोवा ने न्यायियों को ठहराया, जिन्होंने उन लुटेरों के हाथ से उन्हें बचाया।" - न्यायियों 2:16

आपको चर्च में चुपचाप बैठने के लिए नहीं छोड़ा गया था।
आपको सिर्फ़ जीवित रहने के लिए आज़ाद नहीं किया गया था।
आपको दूसरों को आज़ाद करने के लिए छोड़ा गया था ।
वही यीशु जिसने मरकुस 5 में दुष्टात्मा से ग्रस्त व्यक्ति को चंगा किया था, उसे कहानी सुनाने के लिए वापस डेकापोलिस भेज दिया। कोई सेमिनरी नहीं। कोई दीक्षा नहीं। बस एक **जलती हुई गवाही** और एक जलता हुआ मुँह।

आप वो पुरुष हैं। वो महिला हैं। वो परिवार हैं। वो राष्ट्र हैं।
जो दर्द तुमने सहा है, वही अब तुम्हारा हथियार है।
जिस यातना से तुम बच निकले हो, वही तुम्हारी तुरही है। जिसने तुम्हें अंधकार में रखा था, वही अब **तुम्हारे प्रभुत्व का मंच बन गया है।**

वास्तविक कहानी - समुद्री दुल्हन से मुक्ति मंत्री तक

कैमरून की रेबेका, एक समुद्री आत्मा की पूर्व दुल्हन थी। उसे आठ साल की उम्र में एक तटीय नामकरण समारोह के दौरान दीक्षा दी गई थी। सोलह साल की उम्र तक, वह सपनों में यौन संबंध बनाने लगी थी, अपनी आँखों से पुरुषों को वश में करने लगी थी, और जादू-टोने के

ज़रिए कई तलाक करवा चुकी थी। उसे "सुंदर अभिशाप" के नाम से जाना जाता था।

जब विश्वविद्यालय में उसे सुसमाचार का सामना हुआ, तो उसके दुष्टात्माएँ बेकाबू हो गईं। उसे मुक्त होने में छह महीने का समय लगा, उपवास, मुक्ति और गहन शिष्यत्व।

आज, वह पूरे अफ़्रीका में महिलाओं के लिए मुक्ति सम्मेलन आयोजित करती हैं। उनकी आज्ञाकारिता से हज़ारों महिलाएँ मुक्त हुई हैं।

अगर वह चुप रहती तो क्या होता?

प्रेरितिक उत्थान - वैश्विक उद्धारकर्ता जन्म ले रहे हैं

- **अफ़्रीका में** , पूर्व ओझा अब चर्च स्थापित कर रहे हैं।
- **एशिया में** , पूर्व बौद्ध गुप्त घरों में ईसा मसीह का प्रचार करते हैं।
- **लैटिन अमेरिका में** , पूर्व सैनटेरिया पुजारी अब वेदियों को तोड़ रहे हैं।
- **यूरोप में** , भूतपूर्व तांत्रिक ऑनलाइन व्याख्यात्मक बाइबल अध्ययन का नेतृत्व करते हैं।
- **उत्तरी अमेरिका में** , नए युग के धोखे से बचे लोग साप्ताहिक रूप से उद्धार ज़ूम का नेतृत्व कर रहे हैं।

वे **असंभाव्य हैं** , टूटे हुए लोग हैं, अंधेरे के पूर्व गुलाम अब प्रकाश में आगे बढ़ रहे हैं - और **आप उनमें से एक हैं** ।

अंतिम कार्य योजना - अपने कॉल में कदम रखें

1. **अपनी गवाही लिखें** —भले ही आपको लगे कि यह नाटकीय नहीं है। किसी को आपकी आज़ादी की कहानी चाहिए।
2. **छोटी शुरुआत करें** —किसी दोस्त के लिए प्रार्थना करें। बाइबल अध्ययन का आयोजन करें। अपनी मुक्ति की प्रक्रिया दूसरों के साथ बाँटें।

3. **सीखना कभी बंद न करें** - उद्धारकर्ता वचन में बने रहें, पश्चाताप करते रहें, और प्रखर बने रहें।
4. **अपने परिवार को ढकें** - प्रतिदिन घोषणा करें कि अंधकार आपके और आपके बच्चों के साथ समाप्त हो गया है।
5. **आध्यात्मिक युद्ध क्षेत्र घोषित करें** —अपने कार्यस्थल पर, अपने घर पर, अपनी गली में। द्वारपाल बनें।

समूह कमीशनिंग

आज सिर्फ भक्ति नहीं है - यह एक **कमीशनिंग समारोह है** ।

- एक दूसरे के सिर पर तेल मलें और कहें:

"तुम्हें छुड़ाने के लिए छुड़ाया गया है। उठो, परमेश्वर के न्यायी।"

- समूह के रूप में ऊँची आवाज़ में घोषणा करें:

"अब हम बचे हुए नहीं हैं। हम योद्धा हैं। हम प्रकाश लेकर चलते हैं, और अंधकार काँपता है।"

- साहस और प्रभाव में वृद्धि जारी रखने के लिए प्रार्थना जोड़ियों या जवाबदेही साझेदारों की नियुक्ति करें।

मुख्य अंतर्दृष्टि

अंधकार के साम्राज्य के विरुद्ध सबसे बड़ा बदला केवल स्वतंत्रता नहीं है।

यह गुणन है।

अंतिम प्रतिबिंब जर्नल

- वह कौन सा क्षण था जब मुझे पता चला कि मैं अंधकार से प्रकाश में आ गया हूँ?
- मेरी कहानी किसे सुनने की ज़रूरत है?
- इस सप्ताह मैं जानबूझकर प्रकाश डालना कहां से शुरू कर सकता हूं?

- क्या मैं दूसरों को स्वतंत्र करने के लिए उपहास, गलत समझे जाने और विरोध सहने को तैयार हूँ?

कमीशनिंग की प्रार्थना

पिता परमेश्वर, मैं आपको 40 दिनों की अग्नि, स्वतंत्रता और सत्य के लिए धन्यवाद देता हूँ। आपने मुझे सिर्फ़ मुझे आश्रय देने के लिए नहीं बचाया—आपने मुझे दूसरों को बचाने के लिए मुक्त किया। आज, मैं यह दायित्व ग्रहण करता हूँ। मेरी गवाही एक तलवार है। मेरे घाव हथियार हैं। मेरी प्रार्थनाएँ हथौड़े हैं। मेरी आज्ञाकारिता ही आराधना है। अब मैं यीशु के नाम में चलता हूँ—एक अग्नि प्रज्वलित करने वाले, एक मुक्तिदाता, एक प्रकाश-वाहक के रूप में। मैं आपका हूँ। अंधकार का मुझमें और मेरे आसपास कोई स्थान नहीं है। मैं अपना स्थान लेता हूँ। यीशु के नाम में। आमीन।

360° दैनिक उद्धार और प्रभुत्व की घोषणा – भाग 1

"जितने हथियार तेरी हानि के लिये बनाए जाएं, उन में से कोई सफल न होगा, और जितने लोग मुद्दई होकर तुझ पर नालिश करें, उन सभों से तू जीत जाएगा। यहोवा के दासों का यही भाग है..." — यशायाह 54:17

आज और हर दिन, मैं मसीह में अपना पूर्ण स्थान ग्रहण करता हूँ - आत्मा, प्राण और शरीर।

मैं अंधकार के राज्य के हर दरवाजे को बंद कर देता हूँ - ज्ञात और अज्ञात - ।

मैं दुष्ट वेदियों, पैतृक आत्माओं, आत्मिक जीवनसाथियों, गुप्त समाजों, जादू-टोने और शैतानी गठबंधनों के साथ सभी संपर्क, अनुबंध, वाचा या संगति को तोड़ता हूँ - यीशु के लहू के द्वारा!

मैं घोषणा करता/करती हूँ कि मैं बिक्री के लिए नहीं हूँ। मैं उपलब्ध नहीं हूँ। मैं भर्ती योग्य नहीं हूँ। मुझे पुनः दीक्षा नहीं दी जा सकती।

हर शैतानी स्मरण, आध्यात्मिक निगरानी, या दुष्ट आह्वान - यीशु के नाम पर, आग से बिखर जाएँ!

मैं स्वयं को मसीह के मन, पिता की इच्छा और पवित्र आत्मा की वाणी से बाँधता हूँ।
मैं ज्योति, सत्य, सामर्थ्य, पवित्रता और उद्देश्य में चलता हूँ।

मैं स्वप्नों, आघातों, यौन संबंधों, अनुष्ठानों, मीडिया या झूठी शिक्षाओं के माध्यम से खुलने वाली हर तीसरी आंख, मानसिक द्वार और अपवित्र द्वार को बंद कर देता हूं।

यीशु के नाम पर, परमेश्वर की अग्नि मेरी आत्मा में मौजूद हर अवैध जमा को भस्म कर दे।

मैं हवा, ज़मीन, समुद्र, तारों और आकाश से बात करता हूँ—तुम मेरे विरुद्ध काम नहीं करोगे।
मेरे जीवन, परिवार, बुलाहट या क्षेत्र के विरुद्ध नियुक्त हर छिपी हुई वेदी, कर्ता, द्रष्टा, या फुसफुसाने वाला दुष्टात्मा—यीशु के लहू से निहत्था और खामोश हो जाओ!
मैं अपने मन को परमेश्वर के वचन में डुबोता हूँ।
मैं घोषणा करता हूँ कि मेरे सपने पवित्र हैं। मेरे विचार सुरक्षित हैं। मेरी नींद पवित्र है। मेरा शरीर अग्नि का मंदिर है।
इस क्षण से, मैं 360-डिग्री मुक्ति की ओर चल रहा हूँ—कुछ भी छिपा नहीं, कुछ भी छूटा नहीं।
हर पुराना बंधन टूट जाता है। हर पीढ़ी का जूआ टूट जाता है। हर पश्चाताप न किया हुआ पाप उजागर और शुद्ध हो जाता है।

मैं घोषणा करता हूं:
- **अंधकार का मुझ पर कोई अधिकार नहीं है।**
- **मेरा घर अग्नि क्षेत्र है।**
- **मेरे द्वार महिमा से सीलबंद हैं।**
- **मैं आज्ञाकारिता में जीता हूं और शक्ति में चलता हूं।**

मैं अपनी पीढ़ी के लिए एक मुक्तिदाता के रूप में उठ खड़ा हुआ हूँ। मैं पीछे मुड़कर नहीं देखूँगा। मैं पीछे नहीं हटूँगा। मैं प्रकाश हूँ। मैं अग्नि हूँ। मैं स्वतंत्र हूँ। यीशु के शक्तिशाली नाम में। आमीन!

360° दैनिक उद्धार और प्रभुत्व की घोषणा – भाग 2

जादू-टोना, टोना-टोटका, भूत-प्रेत, माध्यमों और राक्षसी माध्यमों से **सुरक्षा**
अपने और दूसरों के लिए उनके प्रभाव या बंधन से **मुक्ति**
यीशु के लहू के द्वारा **शुद्धिकरण और आवरण**
मसीह में **स्वस्थता, पहचान और स्वतंत्रता** की पुनर्स्थापना
जादू-टोना, माध्यमों, भूत-प्रेतों और आध्यात्मिक बंधनों से सुरक्षा और स्वतंत्रता
(यीशु के लहू और हमारी गवाही के वचन के माध्यम से)
"और वे मेम्ने के लोहू के कारण, और अपनी गवाही के वचन के कारण, उस पर जयवन्त हुए..."
— *प्रकाशितवाक्य 12:11*

"यहोवा झूठे भविष्यद्वक्ताओं के चिन्हों को निष्फल करता है और भावी कहनेवालों को मूर्ख बनाता है... अपने दास के वचन को दृढ़ करता है और अपने दूतों की युक्ति को पूरा करता है।"
— *यशायाह 44:25–26*

"प्रभु का आत्मा मुझ पर है... कि बन्दियों को स्वतंत्रता का और बन्धुओं को छुटकारे का प्रचार करूं..."
— *लूका 4:18*

आरंभिक प्रार्थना:
पिता परमेश्वर, मैं आज यीशु के लहू के द्वारा निडरता से उपस्थित हूँ। मैं आपके नाम की शक्ति को स्वीकार करता हूँ और घोषणा करता हूँ कि केवल आप ही मेरे उद्धारकर्ता और रक्षक हैं। मैं आपका सेवक और

साक्षी हूँ, और मैं आज निडरता और अधिकार के साथ आपके वचन की घोषणा करता हूँ।

संरक्षण और उद्धार की घोषणाएँ

1. जादू-टोना, माध्यमों, भूत-प्रेतों और आध्यात्मिक प्रभाव से मुक्ति:
- मैं हर प्रकार के अभिशाप, मंत्र, भविष्यवाणी, जादू, हेरफेर, निगरानी, सूक्ष्म प्रक्षेपण, या आत्मा बंधन **को तोड़ता हूं और त्यागता हूं** - चाहे वह जादू टोना, भूत-विद्या, माध्यमों या आध्यात्मिक चैनलों के माध्यम से बोला गया हो या अधिनियमित किया गया हो।
- मैं **घोषणा करता हूँ** कि **यीशु का लहू** हर उस अशुद्ध आत्मा के विरुद्ध है जो मुझे या मेरे परिवार को बांधने, विचलित करने, धोखा देने या हेरफेर करने का प्रयास करती है।
- मैं यीशु मसीह के नाम पर अधिकार द्वारा **सभी आध्यात्मिक हस्तक्षेप, कब्जे, उत्पीड़न या आत्मा बंधन को** तोड़ने की आज्ञा देता हूं।
- मैं **अपने लिए और हर उस व्यक्ति के लिए मुक्ति की बात करता हूँ जो जाने-अनजाने जादू-टोने या झूठी रोशनी के प्रभाव में है** । अभी बाहर आओ! यीशु के नाम पर आज़ाद हो जाओ!
- मैं परमेश्वर की अग्नि का आह्वान करता हूँ कि वह **हर आध्यात्मिक जुए, शैतानी अनुबंध और** आत्मा में निर्मित वेदी को जला दे, जो हमारी नियति को गुलाम बनाने या फंसाने के लिए बनाई गई है।

"याकूब के विरुद्ध कोई तंत्र-मंत्र नहीं चलता, न ही इस्राएल के विरुद्ध कोई भावी कह सकता है।" — *गिनती 23:23*

2. स्वयं, बच्चों और परिवार की शुद्धि और सुरक्षा:
- मन, प्राण, आत्मा, शरीर, भावनाओं, परिवार, बच्चों और **काम** पर यीशु के लहू की याचना करता हूँ।
- मैं घोषणा करता हूँ: मैं और मेरा घर **पवित्र आत्मा द्वारा मुहरबंद हैं और परमेश्वर में मसीह के साथ छिपे हुए हैं।**
- हमारे विरुद्ध बनाया गया कोई भी हथियार सफल नहीं होगा। हमारे विरुद्ध बुराई बोलने वाली हर ज़बान का **न्याय किया जाएगा और उसे** यीशु के नाम में चुप करा दिया जाएगा।
- **भय, पीड़ा, भ्रम, प्रलोभन या नियंत्रण की** हर भावना का त्याग करता हूँ और उसे बाहर निकालता हूँ।

"मैं यहोवा हूँ, जो झूठों के चिन्हों को निष्फल कर देता हूँ..." — *यशायाह 44:25*

3. पहचान, उद्देश्य और स्वस्थ मन की बहाली:
- मैं अपनी आत्मा और पहचान के हर हिस्से को पुनः प्राप्त करता हूँ जिसे धोखे या आध्यात्मिक समझौते के माध्यम से **व्यापार किया गया, फँसाया गया या चुराया गया।**
- मैं घोषणा करता हूँ: मेरे पास **मसीह का मन है**, और मैं स्पष्टता, बुद्धि और अधिकार में चलता हूँ।
- मैं घोषणा करता हूँ: मैं **हर पीढ़ी के अभिशाप और घरेलू जादू-टोने से बचा हुआ हूँ**, और मैं प्रभु के साथ वाचा में चलता हूँ।

"परमेश्वर ने मुझे भय की नहीं, पर सामर्थ, प्रेम, और संयम की आत्मा दी है।" — *2 तीमुथियुस 1:7*

4. मसीह में दैनिक आवरण और विजय:

- मैं घोषणा करता हूँ: आज, मैं दिव्य **संरक्षण, विवेक और शांति में चलता हूँ**।
- यीशु का लहू मेरे लिए **बेहतर बातें कहता है** - सुरक्षा, चंगाई, अधिकार और स्वतंत्रता।
- आज के दिन के लिए तय किया गया हर बुरा काम पलट दिया गया है। मैं मसीह यीशु में विजय और जयजयकार के साथ चलता हूँ।

"मेरे निकट हज़ार और मेरे दाहिने हाथ दस हज़ार गिरेंगे, परन्तु वह मेरे पास न आएगा…" — *भजन 91:7*

अंतिम घोषणा और गवाही:

"मैं हर प्रकार के अंधकार, जादू-टोना, भूत-विद्या, जादू-टोना, मानसिक हेरफेर, आत्मा से छेड़छाड़ और बुरे आध्यात्मिक हस्तांतरण पर विजय प्राप्त करता हूँ - अपनी ताकत से नहीं, बल्कि **यीशु के खून और मेरी गवाही के वचन से**।"

"मैं घोषणा करता हूँ: **मैं मुक्त हो गया हूँ। मेरा परिवार मुक्त हो गया है।** हर छिपा हुआ जूआ टूट गया है। हर जाल उजागर हो गया है। हर झूठी रोशनी बुझ गई है। मैं आज़ादी में चलता हूँ। मैं सच्चाई में चलता हूँ। मैं पवित्र आत्मा की शक्ति में चलता हूँ।"

"प्रभु अपने सेवक के वचन को पूरा करता है और अपने दूत की युक्ति को पूरा करता है। आज से लेकर आगे हर दिन ऐसा ही होगा।"

यीशु के महान नाम में, **आमीन।**

धर्मशास्त्र संदर्भ:

- यशायाह 44:24–26
- प्रकाशितवाक्य 12:11
- यशायाह 54:17

- भजन 91
- गिनती 23:23
- लूका 4:18
- इफिसियों 6:10–18
- कुलुस्सियों 3:3
- 2 तीमुथियुस 1:7

360° दैनिक उद्धार और प्रभुत्व की घोषणा - भाग 3

"प्रभु योद्धा है; प्रभु उसका नाम है!" - निर्गमन 15:3
"उन्होंने मेम्ने के लहू के कारण और अपनी गवाही के वचन के कारण उस पर जयवन्त किया..." - प्रकाशितवाक्य 12:11

आज, मैं उठता हूँ और मसीह में अपना स्थान लेता हूँ - स्वर्गीय स्थानों में बैठा हूँ, सभी प्रधानताओं, शक्तियों, सिंहासनों, प्रभुत्वों और हर नाम से ऊपर।

मैं त्याग करता हूँ

मैं प्रत्येक ज्ञात और अज्ञात वाचा, शपथ या दीक्षा का त्याग करता हूँ:

- फ्रीमेसनरी (प्रथम से 33वीं डिग्री)
- कबाला और यहूदी रहस्यवाद
- ईस्टर्न स्टार और रोज़ीक्रूसियन
- जेसुइट आदेश और इलुमिनाती
- शैतानी भाईचारे और लूसिफ़ेरियन संप्रदाय
- समुद्री आत्माएं और समुद्र के नीचे की वाचाएं
- कुंडलिनी सर्प, चक्र संरेखण और तृतीय नेत्र सक्रियण
- नए युग का धोखा, रेकी, ईसाई योग और सूक्ष्म यात्रा
- जादू-टोना, टोना-टोटका, भूत-विद्या और सूक्ष्म अनुबंध
- यौन संबंधों, अनुष्ठानों और गुप्त समझौतों से उत्पन्न गुप्त आत्मिक संबंध
- मेरे वंश और पैतृक पुरोहिताई पर मेसोनिक शपथ

मैं हर आध्यात्मिक नाभि-रज्जु को काट देता हूँ:

- प्राचीन रक्त वेदियाँ
- झूठी भविष्यवाणी वाली आग

- आत्मा जीवनसाथी और स्वप्न आक्रमणकारी
- पवित्र ज्यामिति, प्रकाश संहिता और सार्वभौमिक कानून सिद्धांत
- झूठे मसीह, परिचित आत्माएँ, और नकली पवित्र आत्माएँ

यीशु का लहू मेरी ओर से बोले। हर अनुबंध टूट जाए। हर वेदी चकनाचूर हो जाए। हर शैतानी पहचान मिट जाए — अभी!

मैं घोषणा करता हूं

मैं घोषणा करता हूं:

- मेरा शरीर पवित्र आत्मा का जीवित मंदिर है।
- मेरा मन मोक्ष के हेलमेट से सुरक्षित है।
- मेरी आत्मा प्रतिदिन वचन के स्नान से पवित्र होती है।
- मेरा खून कलवरी द्वारा शुद्ध किया गया है।
- मेरे सपने प्रकाश में बंद हैं।
- मेरा नाम मेम्ने की जीवन की पुस्तक में लिखा गया है - किसी गुप्त रजिस्ट्री, लॉज, लॉगबुक, स्क्रॉल या मुहर में नहीं!

मैं आदेश देता हूँ

मैं आदेश देता हूं:

- अंधकार के प्रत्येक कारक - निरीक्षक, मॉनिटर, सूक्ष्म प्रोजेक्टर - को अंधा कर दिया जाएगा और तितर-बितर कर दिया जाएगा।
- पाताल लोक, समुद्री जगत और सूक्ष्म जगत से जुड़े हर बंधन टूट जाएं!
- हर काले निशान, प्रत्यारोपण, अनुष्ठान घाव, या आध्यात्मिक दाग - आग से शुद्ध हो जाओ!
- झूठ बोलने वाली हर परिचित आत्मा - अब चुप हो जाओ!

मैं अलग हो जाता हूँ
मैं इनसे अलग हो जाता हूँ:
- सभी राक्षसी समयरेखाएँ, आत्मा कारागार और आत्मा पिंजरे
- सभी गुप्त समाज रैंकिंग और डिग्री
- सभी झूठे वस्त्र, सिंहासन या मुकुट जो मैंने पहने हैं
- हर पहचान ईश्वर द्वारा नहीं लिखी गयी है
- हर गठबंधन, दोस्ती या रिश्ता अंधकारमय प्रणालियों द्वारा सशक्त

मैं स्थापित करता हूँ
मैं स्थापित करता हूँ:
- मेरे और मेरे परिवार के चारों ओर महिमा की एक फ़ायरवॉल
- हर द्वार, द्वार, खिड़की और रास्ते पर पवित्र स्वर्गदूत
- मेरे मीडिया, संगीत, स्मृतियों और मन में पवित्रता
- मेरी मित्रता, सेवकाई, विवाह और मिशन में सत्य
- पवित्र आत्मा के साथ अटूट संगति

सबमिट किया
मैं अपने आप को पूर्णतः यीशु मसीह के अधीन करता हूँ - वह मेमना जो मारा गया, वह राजा जो शासन करता है, वह सिंह जो दहाड़ता है।

मैं प्रकाश चुनता हूँ। मैं सत्य चुनता हूँ। मैं आज्ञाकारिता चुनता हूँ।
मैं इस दुनिया के अँधेरे राज्यों का नहीं हूँ।
मैं हमारे परमेश्वर और उसके मसीह के राज्य का हूँ।

मैं दुश्मन को चेतावनी देता हूँ
इस घोषणा द्वारा मैं निम्नलिखित को नोटिस जारी करता हूँ:
- प्रत्येक उच्च-श्रेणी की रियासत

- शहरों, वंशों और राष्ट्रों पर शासन करने वाली प्रत्येक आत्मा
- प्रत्येक सूक्ष्म यात्री, चुड़ैल, जादूगर, या गिरा हुआ सितारा...

मैं अछूत संपत्ति हूँ।

मेरा नाम तुम्हारे अभिलेखों में नहीं मिलता। मेरी आत्मा बिकाऊ नहीं है। मेरे सपने तुम्हारे अधीन हैं। मेरा शरीर तुम्हारा मंदिर नहीं है। मेरा भविष्य तुम्हारा खेल का मैदान नहीं है। मैं बंधन में नहीं लौटूँगा। मैं पूर्वजों के चक्रों को नहीं दोहराऊँगा। मैं पराई आग नहीं ढोऊँगा। मैं साँपों का विश्राम स्थल नहीं बनूँगा।

मैं सील

मैं इस घोषणा पर मुहर लगाता हूँ:
- यीशु का लहू
- पवित्र आत्मा की आग
- वचन का अधिकार
- मसीह के शरीर की एकता
- मेरी गवाही की ध्वनि

यीशु के नाम में, आमीन और आमीन

निष्कर्ष: अस्तित्व से पुत्रत्व तक - स्वतंत्र रहना, स्वतंत्र जीवन जीना, दूसरों को स्वतंत्र करना

"इसलिए उस स्वतंत्रता में दृढ़ रहो जिससे मसीह ने हमें स्वतंत्र किया है, और दासत्व के जूए में फिर से न जुतो।" — गलतियों 5:1

"उसने उन्हें अंधकार और मृत्यु की छाया से निकाला, और उनकी जंजीरों को तोड़ डाला।" — भजन संहिता 107:14

ये 40 दिन सिर्फ़ ज्ञान के बारे में नहीं थे। ये **युद्ध**, **जागृति** और **प्रभुत्व में चलने के बारे में थे**।

आपने देखा है कि अंधकारमय साम्राज्य कैसे काम करता है—छिपे ढंग से, पीढ़ी दर पीढ़ी, और कभी-कभी खुलेआम। आपने पैतृक द्वारों, स्वप्न लोकों, गुप्त संधियों, वैश्विक अनुष्ठानों और आध्यात्मिक यातनाओं से गुज़रा है। आपने अकल्पनीय पीड़ा के साक्ष्य देखे हैं—लेकिन साथ ही **आमूल-चूल मुक्ति भी** पाई है। आपने वेदियाँ तोड़ी हैं, झूठ का त्याग किया है, और उन चीज़ों का सामना किया है जिनका नाम लेने से कई धर्मगुरु डरते हैं।

लेकिन यह अंत नहीं है.

अब असली सफ़र शुरू होता है: **अपनी आज़ादी को बनाए रखना। आत्मा में जीना। दूसरों को रास्ता सिखाना।**

40 दिनों की आग से गुज़रकर मिस्र लौटना आसान है। अकेलेपन, वासना या आध्यात्मिक थकान में वेदियों को तोड़कर उन्हें फिर से बनाना आसान है।

नहीं।

अब आप **साइकिल के गुलाम नहीं हैं**। आप दीवार पर खड़े एक **पहरेदार हैं**। अपने परिवार के **द्वारपाल हैं**। अपने शहर के **योद्धा हैं**। राष्ट्रों की **आवाज़ हैं**।

7 अंतिम आरोप उन लोगों के लिए जो प्रभुत्व में चलेंगे

1. **अपने द्वारों की रखवाली करो**
   । समझौते, विद्रोह, रिश्तों या जिज्ञासा के ज़रिए आध्यात्मिक द्वार मत खोलो।
   "शैतान को जगह मत दो।" — इफिसियों 4:27

2. **अपनी भूख को नियंत्रित करें।**
   उपवास आपकी मासिक दिनचर्या का हिस्सा होना चाहिए। यह आत्मा को पुनः व्यवस्थित करता है और आपके शरीर को संयमित रखता है।

3. **पवित्रता के लिए प्रतिबद्ध रहें**
   - भावनात्मक, यौन, मौखिक, दृश्य। अशुद्धता वह पहला द्वार है जिसका इस्तेमाल राक्षस वापस घुसने के लिए करते हैं।

4. **वचन पर महारत हासिल करें।**
   पवित्रशास्त्र वैकल्पिक नहीं है। यह आपकी तलवार, ढाल और रोज़ी रोटी है। *"मसीह के वचन को अपने हृदय में अधिकाई से बसने दो..."* (कुलुस्सियों 3:16)

5. **अपना समुदाय खोजें।**
   मुक्ति का मतलब कभी भी अकेले चलना नहीं होता। आत्मा से भरे समुदाय में निर्माण करें, सेवा करें और चंगा करें।

6. **दुख को गले लगाओ।**
   हाँ, दुख। सभी यातनाएँ शैतानी नहीं होतीं। कुछ पवित्र करने वाली भी होती हैं। इससे गुज़रो। महिमा आगे है।

"थोड़े समय तक दुःख सहने के बाद... वह तुम्हें बलवन्त करेगा, स्थिर करेगा, और स्थिर करेगा!" — 1 पतरस 5:10

7. **दूसरों को सिखाएँ:**
   आपने मुफ़्त में जो पाया है, अब मुफ़्त में दें। दूसरों को मुफ़्त पाने में मदद करें। अपने घर, अपने समुदाय, अपने चर्च से शुरुआत करें।

वितरित से शिष्य तक

यह भक्ति एक वैश्विक पुकार है - न केवल उपचार के लिए बल्कि एक सेना के उदय के लिए।

यह **उन चरवाहों का समय है** जो युद्ध की गंध पहचान लेते हैं।

यह **उन भविष्यवक्ताओं का समय है** जो साँपों से नहीं घबराते।

यह **उन माताओं और पिताओं का समय है** जो पीढ़ियों से चले आ रहे समझौतों को तोड़कर सत्य की वेदियाँ बनाते हैं।

यह **राष्ट्रों को चेतावनी देने का समय है** , और चर्च को अब चुप नहीं रहना चाहिए।

आप ही अंतर हैं

यहाँ से आप कहाँ जाते हैं, यह मायने रखता है। आप क्या लेकर चलते हैं, यह मायने रखता है। जिस अंधकार से आपको निकाला गया था, वही क्षेत्र अब आपका अधिकार क्षेत्र है।

मुक्ति तुम्हारा जन्मसिद्ध अधिकार था। प्रभुत्व तुम्हारा वस्त्र है। अब इसमें चलो.

अंतिम प्रार्थना

प्रभु यीशु, इन 40 दिनों तक मेरे साथ चलने के लिए धन्यवाद। अंधकार को उजागर करने, ज़ंजीरों को तोड़ने और मुझे एक ऊँचे स्थान पर बुलाने के लिए धन्यवाद। मैं पीछे हटने से इनकार करता

हूँ। मैं भय, संदेह और असफलता के साथ हर समझौते को तोड़ता हूँ। मैं अपने राज्य के कार्य को साहस के साथ स्वीकार करता हूँ। दूसरों को आज़ाद करने के लिए मेरा उपयोग करें। मुझे प्रतिदिन पवित्र आत्मा से भरें। मेरा जीवन प्रकाश का एक हथियार बने - मेरे परिवार में, मेरे राष्ट्र में, मसीह की देह में। मैं चुप नहीं रहूँगा। मैं हार नहीं मानूँगा। मैं हार नहीं मानूँगा। मैं अंधकार से प्रभुत्व की ओर चलता हूँ। हमेशा के लिए। यीशु के नाम में। आमीन।

दोबारा जन्म कैसे लें और मसीह के साथ एक नया जीवन कैसे शुरू करें

हो सकता है कि आप पहले भी यीशु के साथ चल चुके हों, या हो सकता है कि आप उनसे इन 40 दिनों में ही मिले हों। लेकिन अभी, आपके अंदर कुछ हलचल हो रही है।

आप धर्म से कहीं ज़्यादा के लिए तैयार हैं।
आप **रिश्तों के लिए तैयार हैं**।
आप यह कहने के लिए तैयार हैं, "हे यीशु, मुझे आपकी ज़रूरत है।"

सच्चाई यह है:

"क्योंकि सब ने पाप किया है; हम सब परमेश्वर की महिमा की माप से रहित हैं... तौभी परमेश्वर अपने अनुग्रह से हमें अपनी दृष्टि में सेंतमेंत धर्मी ठहराता है।"
- रोमियों 3:23–24

आप मुक्ति नहीं कमा सकते।
आप खुद को ठीक नहीं कर सकते। लेकिन यीशु ने पहले ही पूरी कीमत चुका दी है - और वह आपका घर में स्वागत करने के लिए इंतज़ार कर रहा है।

दोबारा जन्म कैसे लें

नये सिरे से जन्म लेने का अर्थ है अपने जीवन को यीशु के हाथों में सौंपना - उसकी क्षमा को स्वीकार करना, यह विश्वास करना कि वह मरा और फिर जी उठा, और उसे अपने प्रभु और उद्धारकर्ता के रूप में स्वीकार करना।

यह सरल है। यह शक्तिशाली है। यह सब कुछ बदल देता है।

ज़ोर से प्रार्थना करें:

"प्रभु यीशु, मैं विश्वास करता हूँ कि आप परमेश्वर के पुत्र हैं। मेरा मानना है कि आप मेरे पापों के लिए मरे और फिर से जी उठे। मैं स्वीकार करता हूँ कि मैंने पाप किया है और मुझे आपकी क्षमा की आवश्यकता है।
आज, मैं पश्चाताप करता हूँ और अपने पुराने मार्गों से विमुख होता हूँ।
मैं आपको अपने जीवन में अपने प्रभु और उद्धारकर्ता के रूप में आमंत्रित करता हूँ।
मुझे धोकर शुद्ध करें। मुझे अपनी आत्मा से भर दें।
मैं घोषणा करता हूँ कि मैं नया जन्म, क्षमा और स्वतंत्र हूँ।
आज से, मैं आपका अनुसरण करूँगा —
और आपके पदचिन्हों पर चलूँगा।
मुझे बचाने के लिए धन्यवाद। यीशु के नाम में, आमीन।"

उद्धार के बाद अगले कदम

1. **किसी को बताएं** - अपने निर्णय को उस विश्वासी के साथ साझा करें जिस पर आप भरोसा करते हैं।
2. **बाइबल-आधारित चर्च खोजें** - ऐसे समुदाय से जुड़ें जो परमेश्वर के वचन की शिक्षा देता है और उसे जीवन में उतारता है। https://www.otakada.org या https://chat.whatsapp.com/H67spSun32DDTma8TLh0ov के ज़रिए ऑनलाइन गॉड्स ईगल मिनिस्ट्रीज़ पर जाएँ।
3. **बपतिस्मा लें** - अपने विश्वास की घोषणा करने के लिए सार्वजनिक रूप से अगला कदम उठाएँ।
4. **प्रतिदिन बाइबल पढ़ें** - यूहन्ना के सुसमाचार से शुरू करें।
5. **प्रतिदिन प्रार्थना करें** – परमेश्वर से मित्र और पिता के रूप में बात करें।
6. **जुड़े रहें** - अपने आसपास ऐसे लोगों को रखें जो आपकी नई राह को प्रोत्साहित करते हैं।
7. **समुदाय के भीतर शिष्यत्व प्रक्रिया शुरू करें** - इन लिंक के माध्यम से यीशु मसीह के साथ व्यक्तिगत संबंध विकसित करें

40-दिवसीय शिष्यत्व 1 - https://www.otakada.org/get-free-40-days-online-discipleship-course-in-a-journey-with-jesus/

40 शिष्यत्व 2 - https://www.otakada.org/get-free-40-days-dna-of-discipleship-journey-with-jesus-series-2/

मेरी मुक्ति का क्षण

तारीख : _____

हस्ताक्षर : _____

"यदि कोई मसीह में है तो वह नई सृष्टि है; पुरानी बातें बीत गई हैं; देखो, सब नई हो गई हैं!"
—2 कुरिन्थियों 5:17

मसीह में नए जीवन का प्रमाण पत्र

उद्धार की घोषणा – अनुग्रह द्वारा पुनर्जन्म

यह प्रमाणित करता है कि

_____

_____

(पूरा नाम)

यीशु मसीह को प्रभु और उद्धारकर्ता के रूप में
सार्वजनिक रूप से विश्वास घोषित किया है और उसकी मृत्यु और पुनरुत्थान के माध्यम से मुक्ति का मुफ्त उपहार प्राप्त किया है।

"यदि तुम खुलकर घोषणा करो कि यीशु प्रभु है और अपने मन में विश्वास करो कि परमेश्वर ने उसे मरे हुओं में से जिलाया, तो तुम निश्चय उद्धार पाओगे।"
— रोमियों 10:9 (NLT)

इस दिन स्वर्ग आनन्दित होता है और एक नई यात्रा शुरू होती है।

निर्णय की तिथि :

_____

हस्ताक्षर :

_____

मुक्ति घोषणा

"आज, मैं अपना जीवन यीशु मसीह को समर्पित करता हूँ। मेरा मानना है कि उन्होंने मेरे पापों के लिए प्राण त्यागे और फिर से जी उठे। मैं उन्हें अपना प्रभु और उद्धारकर्ता स्वीकार करता हूँ। मुझे क्षमा कर दिया गया है, मेरा पुनर्जन्म हुआ है और मैं नया बना हूँ। अब से, मैं उनके पदचिन्हों पर चलूँगा।"

वेलकम टू द फैमिली ऑफ गॉड!

आपका नाम मेमने की जीवन की पुस्तक में लिखा है।
आपकी कहानी अभी शुरू हुई है—और यह अनंत है।

गॉड्स ईगल मिनिस्ट्रीज़ से जुड़ें

- वेबसाइट: www.otakada.org
- चिंता से परे धन श्रृंखला: www.wealthbeyondworryseries.com
- ईमेल: ambassador@otakada.org
- **इस कार्य का समर्थन करें:**

वाचा-आधारित दान के माध्यम से राज्य परियोजनाओं, मिशनों और निःशुल्क वैश्विक संसाधनों का समर्थन करें।

दान देने के लिए QR कोड स्कैन करें

https://tithe.ly/give?c=308311

आपकी उदारता हमें ज़्यादा लोगों तक पहुँचने, संसाधनों का अनुवाद करने, मिशनरियों का समर्थन करने और विश्व स्तर पर शिष्यत्व प्रणालियाँ बनाने में मदद करती है। धन्यवाद!

Give in the Spirit of Luke 6:38

3. हमारे व्हाट्सएप वाचा समुदाय में शामिल हों

अपडेट, भक्ति सामग्री प्राप्त करें, और दुनिया भर में वाचा-दिमाग वाले विश्वासियों से जुड़ें।

जुड़ने के लिए स्कैन करें

https://chat.whatsapp.com/H67spSun32DDTma8TLh0ov

अनुशंसित पुस्तकें और संसाधन

- *अंधकार की शक्ति से मुक्ति* (पेपरबैक) - यहाँ से खरीदें | अमेज़न पर ई-बुक

- संयुक्त राज्य अमेरिका से शीर्ष समीक्षाएं:
  - **किंडल ग्राहक** : "अब तक का सबसे अच्छा ईसाई पाठ!" (5 सितारे)

इस गवाही के लिए यीशु की स्तुति करो। मुझे बहुत आशीष मिली है और मैं सभी को यह किताब पढ़ने की सलाह दूँगा... क्योंकि पाप की

मज़दूरी तो मृत्यु है, परन्तु परमेश्वर का वरदान अनन्त जीवन है। शालोम! शालोम!

- **दा गस्टर** : "यह एक बहुत ही रोचक और अजीब किताब है।" (5 सितारे)

यदि पुस्तक में कही गई बातें सच हैं तो हम वास्तव में दुश्मन की क्षमता से बहुत पीछे हैं! ... आध्यात्मिक युद्ध के बारे में जानने के इच्छुक किसी भी व्यक्ति के लिए यह पुस्तक आवश्यक है।

- **वीज़ा** : "मुझे यह किताब बहुत पसंद है" (5 सितारे)

यह आँखें खोलने वाला है... एक सच्चा इक़बालिया बयान... पिछले कुछ समय से मैं इसे खरीदने के लिए हर जगह ढूँढ रहा था। अमेज़न से इसे पाकर बहुत खुश हूँ।

- **फ्रैंकजेएम** : "काफी अलग" (4 सितारे)

यह किताब मुझे याद दिलाती है कि आध्यात्मिक युद्ध कितना वास्तविक है। यह मुझे "परमेश्वर के सम्पूर्ण कवच" धारण करने का कारण भी याद दिलाती है।

- **जेनजेन** : "जो कोई भी स्वर्ग जाना चाहता है - इसे पढ़ें!" (5 सितारे)

इस किताब ने मेरी ज़िंदगी बहुत बदल दी। जॉन रामिरेज़ की गवाही के साथ, यह आपको अपने विश्वास को एक अलग नज़रिए से देखने पर मजबूर कर देगी। मैंने इसे 6 बार पढ़ा है!

- *एक्स-सैटनिस्ट: द जेम्स एक्सचेंज* (पेपरबैक) — यहाँ से खरीदें | अमेज़न पर ई-बुक

- ***एक अफ़्रीकी पूर्व शैतानवादी की गवाही*** - *पादरी जोनास लुकुंटू म्पला* (पेपरबैक) — यहाँ से खरीदें | अमेज़न पर ई-बुक

- *ग्रेटर एक्सप्लॉइट्स 14* (पेपरबैक) — यहाँ से खरीदें | अमेज़न पर ई-बुक

- जॉन रामिरेज़ द्वारा लिखित *आउट ऑफ़ द डेविल्स कौल्ड्रॉन* — अमेज़न पर उपलब्ध
- रेबेका ब्राउन द्वारा लिखित '*वह बंदियों को आज़ाद कराने आया था*' - अमेज़न पर खोजें

लेखक द्वारा प्रकाशित अन्य पुस्तकें – 500 से अधिक शीर्षक

प्रेम, चयन और संपूर्ण : अस्वीकृति से पुनर्स्थापना तक की 30-दिवसीय यात्रा का विश्व की 40 भाषाओं में अनुवाद

https://www.amazon.com/Loved-Chosen-Whole-Rejection-Restoration-ebook/dp/B0F9VSD8WL

https://shop.ingramspark.com/b/084?params=xga0WR16muFUwCoeMUBHQ6HwYjddLGpugQHb3DVa5hE

Loved, Chosen and Whole
A 30-Day Journey from Rejection to Restoration
Zacharias Godseagle; Ambassador Monday O. Ogbe; Comfort Ladi Ogbe

उनके कदमों में - एक 40-दिवसीय WWJD चुनौती:
दुनिया भर में वास्तविक जीवन की कहानियों में यीशु की तरह जीना

https://www.amazon.com/His-Steps-Challenge-Real-Life-Stories-ebook/dp/B0FCYTL5MG

https://shop.ingramspark.com/b/084?params=DuNTWS59IbkvSKtGFbCbEFdv3Zg0FaITUEvlK49yLzB

यीशु द्वार पर:
40 हृदय विदारक कहानियाँ और आज के चर्चों के लिए स्वर्ग की अंतिम चेतावनी

https://www.amazon.com/dp/B0FDX31L9F

https://shop.ingramspark.com/b/084?params=TpdA5j8WPvw83glJ12N1B3nf8LQte2a1lIEy32bHcGg

वाचा का जीवन: व्यवस्थाविवरण 28 की आशीष में 40 दिन चलना
- https://www.amazon.com/dp/B0FFJCLDB5

वास्तविक लोगों की कहानियाँ, वास्तविक आज्ञाकारिता, और वास्तविक

https://shop.ingramspark.com/b/084?params=bH3pzfz1zdCOLpbs7tZYJNYgGcYfU32VMz3J3a4e2Qt

20 से अधिक भाषाओं में परिवर्तन

उसे जानना और उसे जानना:
उपचार, समझ और स्थायी प्रेम के लिए 40 दिन

https://www.amazon.com/KNOWING-HER-HIM-Healing-Understanding-ebook/dp/B0FGC4V3D9

https://shop.ingramspark.com/b/084?params=vC6KCLoI7Nnum24BVmBtSme9i6k59p3oynaZOY4B9Rd

पूर्ण करें, प्रतिस्पर्धा नहीं:
उद्देश्य, एकता और सहयोग की 40-दिवसीय यात्रा

https://shop.ingramspark.com/b/084?params=5E4v1tHgeTqOOuEtfTYUzZDzLyXLee30cqYo0Ov9941

https://www.amazon.com/COMPLETE-NOT-COMPETE-Journey-Collaboration-ebook/dp/B0FGGL1XSQ/

दिव्य स्वास्थ्य कोड - परमेश्वर के वचन और सृष्टि के माध्यम से उपचार को सक्रिय करने की 40 दैनिक कुंजियाँ, पौधों, प्रार्थना और भविष्यसूचक कार्यों की उपचार शक्ति को अनलॉक करें

https://shop.ingramspark.com/b/084?params=xkZMrYcEHnrJDhe1wuHHYixZDViiArCeJ6PbNMTbTux

https://www.amazon.com/dp/B0FHJT42TK

https://www.amazon.com/stores/Ambassador-Monday-O.-Ogbe/author/B07MSBPFNX पर देखी जा सकती हैं

परिशिष्ट (1-6): स्वतंत्रता बनाए रखने और गहन मुक्ति के लिए संसाधन

परिशिष्ट 1: चर्च में छिपे जादू-टोने, गुप्त प्रथाओं या अजीब वेदियों को पहचानने के लिए प्रार्थना

"हे मनुष्य के सन्तान, क्या तू देखता है कि वे अन्धकार में क्या कर रहे हैं...?" — यहेजकेल 8:12

"और अन्धकार के निष्फल कामों में सहभागी न हो, परन्तु उनका पर्दाफ़ाश करो।" — इफिसियों 5:11

विवेक और प्रकटीकरण के लिए प्रार्थना:

प्रभु यीशु, मेरी आँखें खोलो ताकि मैं देख सकूँ कि आप क्या देखते हैं। हर अजीब आग, हर गुप्त वेदी, हर गुप्त तंत्र-मंत्र जो धर्म-मंचों, पीठों या प्रथाओं के पीछे छिपा है, उजागर हो। परदे हटाओ। पूजा के रूप में छिपी मूर्तिपूजा, भविष्यवाणी के रूप में छिपी चालाकी, और अनुग्रह के रूप में छिपी विकृति को उजागर करो। मेरी स्थानीय सभा को शुद्ध करो। अगर मैं किसी समझौतावादी संगति का हिस्सा हूँ, तो मुझे सुरक्षा की ओर ले चलो। शुद्ध वेदियाँ स्थापित करो। स्वच्छ हाथ। पवित्र हृदय। यीशु के नाम में। आमीन।

परिशिष्ट 2: मीडिया त्याग और शुद्धिकरण प्रोटोकॉल

"मैं अपनी आँखों के सामने कोई बुरी बात नहीं रखूँगा..." — भजन 101:3

अपने मीडिया जीवन को शुद्ध करने के लिए कदम:

1. **ऑडिट करें** : फिल्में, संगीत, खेल, किताबें, प्लेटफॉर्म।
2. **पूछें:** क्या इससे परमेश्वर की महिमा होती है? क्या यह अंधकार (जैसे, भय, वासना, जादू-टोना, हिंसा या नए युग के विषय) के द्वार खोलता है?
3. **त्याग करें** :

"मैं अधर्मी माध्यमों के ज़रिए खोले गए हर राक्षसी द्वार का त्याग करता हूँ। मैं अपनी आत्मा को शत्रु द्वारा सशक्त की गई मशहूर हस्तियों, रचनाकारों, पात्रों और कहानियों से जुड़े सभी आत्मिक संबंधों से अलग कर देता हूँ।"

4. **हटाएँ और नष्ट करें** : सामग्री को भौतिक और डिजिटल रूप से हटाएँ।
5. **प्रतिस्थापित करें** - आराधना, शिक्षाएँ, गवाहियाँ, स्वास्थ्यकर फिल्में।

परिशिष्ट 3: फ्रीमेसनरी, कबला, कुंडलिनी, जादू-टोना, गुप्त त्याग लिपि

"अन्धकार के निष्फल कामों में हाथ न डालो..." — इफिसियों 5:11

जोर से बोलें:

ईसा मसीह के नाम पर, मैं किसी भी गुप्त समाज या गुप्त संगठन में जाने-अनजाने में की गई हर शपथ, अनुष्ठान, प्रतीक और दीक्षा का त्याग करता/करती हूँ। मैं इनसे जुड़े सभी संबंधों को अस्वीकार करता/करती हूँ:

- **फ्रीमेसनरी** - सभी डिग्री, प्रतीक, रक्त शपथ, शाप और मूर्तिपूजा।
- **कबला** - यहूदी रहस्यवाद, ज़ोहर पाठ, जीवन वृक्ष का आह्वान, या देवदूत जादू।
- **कुंडलिनी** - तीसरी आँख खोलना, योग जागरण, सर्प अग्नि और चक्र संरेखण।
- **जादू टोना और नया युग** - ज्योतिष, टैरो, क्रिस्टल, चंद्रमा अनुष्ठान, आत्मा यात्रा, रेकी, सफेद या काला जादू।
- **रोज़ीक्रूसियन, इल्लुमिनाति, खोपड़ी और हड्डियां, जेसुइट शपथ, ड्रयूड आदेश, शैतानवाद, अध्यात्मवाद, सैनटेरिया, वूडू, विक्का, थेलेमा, ज्ञानवाद, मिस्त्र के रहस्य, बेबीलोनियन संस्कार।**

मैं अपनी ओर से की गई हर वाचा को रद्द करता हूँ। मैं अपने वंश, अपने सपनों या आत्मा के सभी बंधनों को तोड़ता हूँ। मैं अपना पूरा अस्तित्व प्रभु यीशु मसीह को समर्पित करता हूँ—आत्मा, प्राण और शरीर। मेमने के लहू से हर शैतानी द्वार हमेशा के लिए बंद हो जाए। मेरा नाम हर अँधेरे रजिस्टर से साफ़ हो जाए। आमीन।

परिशिष्ट 4: अभिषेक तेल सक्रियण मार्गदर्शिका

“क्या तुम में कोई दुःखी है? वह प्रार्थना करे। क्या तुम में कोई रोगी है? वे पुरनियों को बुलाएँ... और प्रभु के नाम से उस पर तेल मलें।” — याकूब 5:13–14

मुक्ति और प्रभुत्व के लिए अभिषेक तेल का उपयोग कैसे करें:

- **माथा** : मन को नवीनीकृत करना।
- **कान** : ईश्वर की आवाज को पहचानना।
- **पेट** : भावनाओं और आत्मा के स्थान की सफाई।
- **पैर** : दिव्य भाग्य की ओर चलना।
- **दरवाजे/खिड़कियाँ** : आध्यात्मिक द्वार बंद करना और घरों को शुद्ध करना।

अभिषेक करते समय घोषणा:

"मैं इस स्थान और पात्र को पवित्र आत्मा के तेल से पवित्र करता हूँ। यहाँ किसी भी दुष्टात्मा का प्रवेश वर्जित है। प्रभु की महिमा इस स्थान पर वास करे।"

परिशिष्ट 5: तीसरी आँख का त्याग और गुप्त स्त्रोतों से प्राप्त अलौकिक दृष्टि

जोर से बोलें:

"यीशु मसीह के नाम पर, मैं अपनी तीसरी आँख के हर खुलने का त्याग करता हूँ—चाहे वह आघात, योग, सूक्ष्म यात्रा, मनोविकार या आध्यात्मिक हेरफेर के माध्यम से हो। हे प्रभु, मैं आपसे प्रार्थना करता हूँ कि आप सभी अवैध द्वार बंद कर दें और उन्हें यीशु के रक्त से सील कर दें। मैं हर उस दृष्टि, अंतर्दृष्टि या अलौकिक क्षमता को मुक्त करता हूँ जो पवित्र आत्मा से नहीं आई है। हर राक्षसी द्रष्टा, सूक्ष्म प्रक्षेपक, या मेरी निगरानी करने वाली सत्ता, यीशु के नाम में अंधी और बंधी हुई हो। मैं शक्ति के स्थान पर पवित्रता, अंतर्दृष्टि के स्थान पर आत्मीयता को चुनता हूँ। आमीन।"

परिशिष्ट 6: आध्यात्मिक विकास के लिए साक्ष्यों सहित वीडियो संसाधन

1) 1.5 मिनट से शुरू करें -
https://www.youtube.com/watch?v=CbFRdraValc

2) https://youtu.be/b6WBHAcwN0k?si=ZUPHzhDVnn1PPIEG

3) https://youtu.be/XvcqdbEIO1M?si=GBlXg-cO-7f09cR

4) https://youtu.be/jSm4r5oEKjE?si=1Z0CPgA33S0Mfvyt

5) https://youtu.be/B2VYQ2-5CQ8?si=9MPNQuA2f2rNtNMH

6) https://youtu.be/MxY2gJzYO-U?si=tr6EMQ6kcKyjkYRs
7) https://youtu.be/ZW0dJAsfJD8?si=Dz0b44I53W_Fz73A
8) https://youtu.be/q6_xMzsj_WA?si=ZTotYKo6Xax9nCWK
9) https://youtu.be/c2ioRBNriG8?si=JDwXwxhe3jZlej1U
10) https://youtu.be/8PqGMMtbAyo?si=UqK_S_hiyJ7rEGz1
11) https://youtu.be/rJXu4RkqvHQ?si=yaRAA_6KIxjm0eOX
12) https://youtu.be/nS_Insp7i_Y?si=ASKLVs6iYdZToLKH
13) https://youtu.be/-EU83j_eXac?si=-jG4StQOw7S0aNaL
14) https://youtu.be/_r4Jyzs2EDk?si=tldAtKOB_3-J_j_C
15) https://youtu.be/KiiUPLaV7xQ?si=I4x7aVmbgbrtXF_S
16) https://youtu.be/68m037cPEu0?si=XpuyyEzGfK1qWYRt
17) https://youtu.be/z4zlp9_aRQg?si=DR3lDYTt632E96a6
18) https://youtube.com/shorts/H_90n-QZU5Q?si=uLPScVXm81DqU6ds

अंतिम चेतावनी: आप इसके साथ नहीं खेल सकते

मुक्ति मनोरंजन नहीं है। यह युद्ध है।
पश्चाताप के बिना त्याग केवल शोर है। जिज्ञासा और पुकार एक ही बात नहीं हैं। कुछ ऐसी चीज़ें हैं जिनसे आप सहजता से उबर नहीं सकते।
इसलिए कीमत गिन लो। पवित्रता से चलो। अपने द्वारों की रखवाली करो।

क्योंकि दुष्टात्माएँ शोर का नहीं, केवल अधिकार का आदर करती हैं।

www.ingramcontent.com/pod-product-compliance
Lightning Source LLC
Chambersburg PA
CBHW050338010526
44119CB00049B/593
9781088191255